AF297338

COURS ÉLÉMENTAIRE

CONFORME AU PROGRAMME DE 1894

Histoire de France

PAR

C. CALVET

Agrégé d'histoire, Censeur du lycée Michelet

AVEC LE CONCOURS D'UN GROUPE D'INSTITUTEURS

10 Périodes formant **64** Leçons

APRÈS CHAQUE PÉRIODE :

UN RÉSUMÉ GÉNÉRAL, UN TABLEAU RÉCAPITULATIF

CHAQUE LEÇON COMPREND :

UN TEXTE, DES RÉCITS, UN RÉSUMÉ, DES EXERCICES

Revision par l'image

PARIS

BIBLIOTHÈQUE D'ÉDUCATION

Fondée par les Instituteurs Français

15, Rue de Cluny, 15

PRÉFACE

Dans ce **Cours élémentaire** d'histoire de France, à la diffé-rence du **Cours moyen**, on a largement développé la partie anec-dotique. Des enfants de sept à neuf ans ne peuvent comprendre en effet des considérations trop générales, et les développements sur la marche de la civilisation risqueraient fort de les laisser indif-férents. L'histoire ne doit être pour eux qu'une suite « d'histoires » vivement contées et qui ne laissent pas languir l'attention. On a essayé de leur donner ici quelques-unes de ces « histoires ».

Pour rester dans l'esprit du programme, et dans la logique, il faut, même dans un cours élémentaire, **instruire** véritablement, tout en cherchant à **amuser**. Or, instruire ce n'est pas seulement donner quelques connaissances positives ; c'est aussi s'efforcer de former le cœur et le jugement. Toute leçon d'histoire doit être en même temps un exercice de raisonnement et une leçon de morale. Faire trouver à l'élève l'enchaînement des faits ; le pousser à rap-procher les événements, dont on lui donne le récit, de ceux qu'il connaît déjà, ou à comparer les institutions, les coutumes, les mœurs de son pays avec celles des autres ; lui demander son appré-ciation personnelle sur les hommes et les choses, ce qui permet à la fois de rectifier les erreurs de son jugement et de lui enseigner sans pédantisme les lois éternelles de la morale, n'est-ce pas l'idéal que doit se proposer l'enseignement de l'histoire ? On a donc, en dehors des **questionnaires** et des **notes explicatives**, dont l'utilité pratique n'est pas contestable, fait suivre chaque leçon d'**exercices** destinés à provoquer l'enfant à ces comparaisons et à ces jugements sans lesquels il n'est pas de véritable connaissance de l'histoire. C'est ce que les programmes de 1894 demandent. Ils sont ainsi formulés : **récits** et **entretiens**. Nous donnons les récits dans le cours de la leçon ; nos **exercices**, sur lesquels on nous permettra d'appeler l'attention, pourront former le fond de ces en-tretiens prescrits par le programme et grâce auxquels la classe, qui se borne trop souvent à une récitation monotone, sera transformée en une causerie vive, animée et vraiment instructive.

Ce livre, fait avec le concours empressé de quelques instituteurs que nous sommes heureux de remercier ici, paraîtra, nous l'espé-rons, à la fois simple et pratique. On y a conservé le groupement en périodes, la disposition en leçons courtes, bien délimitées, les résumés généraux, les tableaux récapitulatifs, qui ont fait le succès du **Cours moyen**. Chaque leçon comprend : 1° un **texte** suivi, et des **récits** détachés que l'enfant pourra répéter de vive voix ou par écrit ; 2° des **résumés** très brefs, destinés à être appris par cœur ; 3° un **questionnaire** correspondant avec précision au texte ; 4° des **notes explicatives** pour donner le sens des mots difficiles et les indications géographiques ; 5° enfin ces **exercices** ou entre-tiens dont nous avons signalé plus haut l'importance.

Histoire de France

PREMIÈRE PÉRIODE

La Gaule
les Royaumes barbares
l'Empire franc

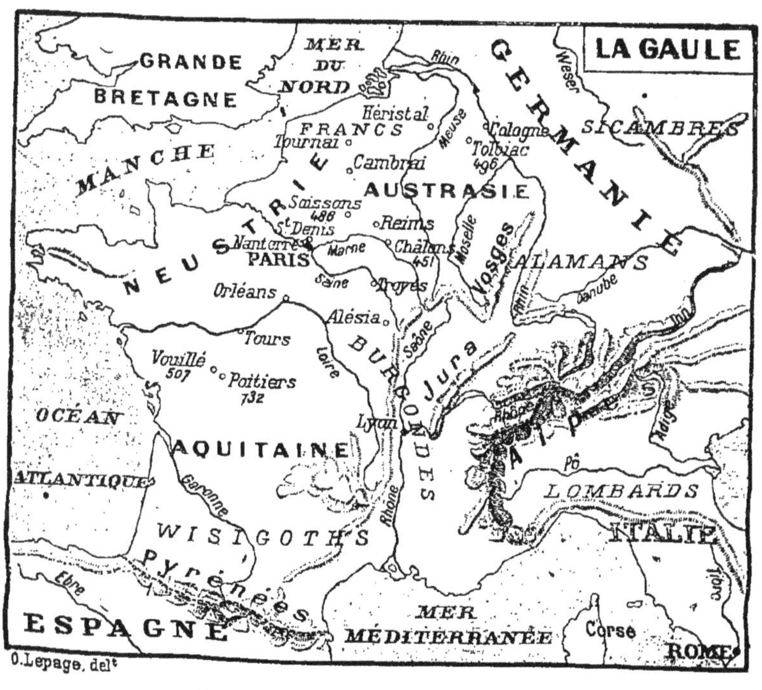

LA GAULE

1. La **Gaule**, que nous appelons aujourd'hui la France, était un pays couvert de marécages et de forêts, où abondaient les bêtes sauvages.

2. Les Gaulois, braves mais cruels, se faisaient perpétuellement la guerre les uns aux autres.

3. Aussi ne purent-ils résister aux armées bien disciplinées des Romains, dont le général, **Jules César**, conquit la Gaule de 58 à 50 av. J.-C., malgré les efforts d'un brave Gaulois nommé **Vercingétorix**.

4. Alors s'élevèrent partout de grandes villes et de beaux monuments. Les Gaulois devinrent plus instruits et leurs mœurs s'adoucirent, surtout quand le christianisme se fut répandu dans leur pays.

RÉCITS

La Gaule. — Pays désert, sans routes, sans villes, infesté par les bêtes féroces, ours, loups et sangliers, couvert d'immenses marais, la Gaule ressemblait peu à notre France, si riche, si bien cultivée. On n'y voyait, au lieu de nos grandes villes, que de rares cabanes de bois bâties au sommet des collines ou le long des rivières.

Les Gaulois. — Là habitaient des hommes grands, blonds, porteurs de longs cheveux et de moustaches épaisses. A peu près nus, sans autres vêtements que des peaux de bêtes, ils se dessinaient sur les bras et sur la poitrine des images bizarres pour effrayer leurs ennemis. Ils étaient ainsi terribles à voir.

Mœurs des Gaulois. — Ils aimaient les longs repas où ils buvaient jusqu'à s'enivrer. Après quoi, leur plaisir était de se battre. Ils étaient d'ailleurs toujours en guerre les uns avec les autres, allaient nus au combat, méprisaient la mort, ne craignant, disaient-ils, qu'une chose, la chute du ciel, c'est-à-dire n'ayant peur de rien. Vainqueurs, ils coupaient les têtes de leurs ennemis pour les suspendre au seuil de leurs demeures.

Religion. — Leurs prêtres, les **Druides**, immolaient des victimes humaines dont le sang était recueilli dans des coupes de bronze. Ils s'imaginaient ainsi être agréables à leurs dieux. A certains jours ils cueillaient, avec une faucille d'or, le gui, plante qui vient sur les chênes et qu'ils croyaient douée de vertus surnaturelles.

Vercingétorix. — Les Romains étaient au contraire un peuple instruit et civilisé comme les Européens d'aujourd'hui. Ils entreprirent de conquérir la Gaule. Un brave Gaulois, Vercingétorix, leur résista. Mais bientôt, assiégé dans Alésia et voyant la défaite certaine, il résolut de se rendre pour sauver ses compagnons. Arrivé dans le camp romain, il sauta à bas de son cheval et, sans mot dire, jeta aux pieds du général, César, ses armes

Sacrifices humains.

et son casque. César le garda prisonnier pendant six ans, puis le fit mettre à mort.

La Gaule Romaine. — Du moins, les Romains firent-ils de la Gaule un pays riche et beau comme notre France actuelle. Ils abattirent les forêts, cultivèrent les champs, élevèrent de grandes villes avec des palais, des temples, que nous admirons encore. Les Gaulois cessèrent de se battre continuellement ; ils devinrent savants, se couvrirent de riches habits et habitèrent des maisons somptueuses. Ils ne furent donc plus barbares, surtout quand, à la place de leur religion si cruelle, ils eurent accepté le christianisme.

Résumé. — 1. Les Gaulois habitaient un pays sauvage et désert ; ils étaient eux-mêmes des barbares, n'aimant que la guerre et les festins.

2. Malgré le courage de leur chef, Vercingétorix, ils furent soumis par les Romains. Ils cessèrent alors d'être barbares, puis devinrent chrétiens.

Exercices. — *Comment expliquez-vous qu'une petite armée romaine ait pu conquérir un vaste pays comme la Gaule ? (manque d'union des Gaulois ; supériorité de la discipline). Croyez-vous que la conquête romaine ait été profitable aux Gaulois ? Eût-il mieux valu qu'ils restassent tels qu'ils étaient ? Donnez les raisons de votre opinion.*

Questionnaire. — 1. Qu'était-ce que la Gaule ? Ressemblait-elle à la France actuelle ? — 2. Les Gaulois étaient-ils bien unis entre eux ? — 3. Par qui la Gaule fut-elle conquise ? Qui l'avait défendue ? — 4. Quels changements se produisirent après cette conquête.

LES BARBARES — INVASION DES HUNS

1. Sur les frontières de l'Empire, dans la plaine de **Germanie**, vivaient des peuples barbares, de mœurs rudes et grossières.

2. Ils entrèrent comme soldats au service des empereurs. Mais les armées ainsi formées étaient indisciplinées. Elles finirent par ne plus vouloir obéir et par soumettre à leur domination les contrées qu'elles étaient chargées de défendre.

3. C'est ainsi que la Gaule se trouva partagée, vers le ve siècle après J.-C., entre les **Wisigoths**, les **Burgondes** et les **Francs**.

4. Mais à peine ces peuples y étaient-ils installés que le pays fut envahi par les **Huns**, originaires d'Asie, qui ne furent vaincus qu'à grand'peine, près de Troyes, avec leur roi, le terrible **Attila**.

RÉCITS

Portrait des Germains. — « Les Germains ont tous le regard fier et les yeux bleus, de grands corps vigoureux,

Germains.

habitués à supporter le froid et la faim, mais non la chaleur et la soif..... Ils vont nus ou habillés d'une **saie** (sorte de blouse) attachée avec une agrafe ou, à défaut, avec une épine. Ils se couvrent aussi de peaux de bêtes et n'aiment que la guerre...

Portrait des Huns. — « Dès la naissance des enfants mâles, les Huns leur sillonnent les joues de profondes cicatrices, afin de détruire tout germe de duvet. Ils croissent et vieillissent ainsi sans barbe, avec un aspect hideux et dégradé. Mais ils ont tout le corps trapu, les membres robustes, la tête volumineuse. On dirait des animaux bipèdes plutôt que des êtres humains..... »

Usages des Huns. — « Ils ne cuisent ni n'assaisonnent ce qu'ils mangent et se contentent pour aliments de racines sauvages ou de la chair du premier animal venu, qu'ils font mortifier quelque temps, sur le cheval, entre leurs cuisses... Ils n'ont pas de maisons et vivent au milieu des bois. Ils portent toujours une tunique faite de peaux de rats cousues ensemble et ne quittent ce vêtement que lorsqu'il tombe en lambeaux. Ils se coiffent de chapeaux à bords rabattus et entourent leurs jambes de peaux de chèvres, chaussure qui gêne la marche.

« On les dirait cloués sur leurs chevaux. Ils y sont quelquefois assis à la manière des femmes. A cheval jour et nuit, c'est de là qu'ils vendent et qu'ils achètent. Ils ne mettent pied à terre ni pour boire, ni pour manger, ni même, le plus souvent, pour dormir. »

Manière de combattre des Huns. — « Ce qui les rend redoutables, c'est qu'avec une longue courroie qu'ils laissent traîner à terre ils enveloppent rapidement leurs ennemis, dont les mouvements se trouvent ainsi paralysés. »

Attila. — Le chef de ce peuple féroce s'appelait Attila. Il s'intitulait lui-même le **fléau de Dieu** et se vantait de ses ravages, disant que « l'herbe ne repoussait jamais là où son cheval avait passé. » Tous les peuples germains de la Gaule s'unirent entre eux pour lui résister et firent même alliance avec les Romains.

Il fut vaincu entre Châlons et Troyes, quitta la Gaule et mourut le jour même de son mariage, sans doute à la suite d'une orgie.

Sainte Geneviève. — Pendant l'invasion des Huns, une jeune fille de Nanterre, nommée Geneviève, dont l'Eglise a fait une sainte, empêcha les Parisiens de déserter leur ville. Elle est restée depuis la patronne de Paris.

Résumé. — 1. La Gaule vivait en paix sous la domination romaine quand elle fut envahie par les Germains (Wisigoths, Burgondes, Francs), qui se la partagèrent.

2. Ces peuples eurent à leur tour à combattre un autre peuple barbare, les Huns, qui furent vaincus près de Troyes.

Exercices. — *Les Allemands d'aujourd'hui, descendants des Germains, affirment que leurs ancêtres valaient mieux que les Romains. Que pensez-vous de cette affirmation ? Comparez les Germains et les Huns, lesquels préférez-vous ? Quelle arme moderne la manière de combattre des Huns vous rappelle-t-elle ? (le lasso des Mexicains).*

Questionnaire. — 1. D'où venaient les Barbares ? — 2. Quels furent leurs premiers rapports avec les Romains ? — 3. Quels furent les peuples qui se partagèrent la Gaule ? — 4. Qu'était-ce que les Huns ? D'où venaient-ils et quel était leur chef ? Où furent-ils vaincus?

LES FRANCS

1. Les **Francs** formaient non un peuple, mais une ligue ou confédération de plusieurs peuples germains. Les plus connus d'entre eux furent les **Francs saliens.**

2. Ils pénétrèrent dans la Gaule par les pays du Nord.

3. Leur chef le plus célèbre, **Mérovée**, donna son nom à la première famille de rois Francs, les **Mérovingiens.** Il prit part à la bataille où fut vaincu Attila. C'est avec son petit-fils, **Clovis**, que les Francs conquirent toute la Gaule.

RÉCITS

Portrait des Francs. — « Les Francs relevaient et rattachaient sur le sommet du front leurs cheveux, qui retombaient par derrière en queue de cheval. Leur visage était entièrement rasé, à l'exception de deux moustaches peu fournies qui leur tombaient des deux côtés de la bouche. »

Manière de combattre des Francs. — Ils se servaient, pour combattre, de la **francisque** ou **framée**, pique garnie d'un fer très pointu. Ils avaient aussi une arme de trait garnie de crocs, le **hang.** Ils la lançaient sur l'ennemi ; elle restait suspendue au bouclier, balayant la terre par son extrémité. Ils s'élançaient alors et, appuyant le pied sur cette extrémité, forçaient leurs adversaires à se découvrir, puis ils les frappaient tout à leur aise.

La loi des Francs. — Il était de règle chez les Germains que tout homme qui en avait tué ou blessé un autre, pouvait éviter d'être condamné en payant une somme d'argent. La loi fixait elle-même le prix du rachat et elle prévoyait tous les cas, proportionnant la somme à la gravité de la blessure. Voici quelques articles de cette loi. « Si quelqu'un frappe un homme à la tête de façon que le sang coule, il paiera 15 sous d'or. — S'il le frappe à la tête de façon à faire sortir trois os, 30 sous. — Si quelqu'un coupe à un autre le pied ou la main, il paiera 100 sous. — Si la main n'est pas coupée tout à fait, mais qu'elle pende mutilée, il paiera

---

Notes explicatives. — Ligue ou confédération : réunion de peuples alliés ensemble.

45 sous. — Si le pouce seul est coupé, 45 sous ; si c'est le second doigt, 35 sous, 15 pour le troisième, 9 pour le quatrième, 15 pour le petit doigt... » Il en coûte 62 sous et demi pour arracher un œil ; un nez coupé se paie 45 sous, une oreille seulement 15 sous. Tout Franc accusé d'un crime pouvait provoquer son accusateur au combat. S'il triomphait, il était déclaré innocent. C'est ce qu'on appela le **jugement de Dieu**, comme si Dieu était intervenu en faveur de l'accusé. Il devait aussi prouver son innocence en se soumettant à des **épreuves**. S'il retirait sans brûlures sa main plongée dans de l'eau bouillante ; si, jeté pieds et poings liés dans une cuve d'eau, il surnageait, on supposait que Dieu s'était prononcé pour lui et il était absous.

Religion des Francs. — Comme tous les Germains, les Francs avaient pour principal dieu **Wotan**, que nous appelons **Odin**, et qui était peut-être le soleil. On le représentait sous la forme d'un guerrier borgne, chevauchant chaque nuit dans les airs avec les guerriers morts. Il était servi par les **Walkyries**, déesses qui allaient chercher les guerriers tombés sur le champ de bataille et les rapportaient pendus à l'arçon de leur selle. A ces braves, morts courageusement, était réservé le **Walhalla**, sorte de paradis, vaste salle aux murs d'or et au toit d'argent, reliée à la terre par un pont gigantesque, l'arc-en-ciel, et où ils menaient auprès des dieux une vie de plaisir consacrée tout entière aux batailles et aux festins. Les guerriers, morts de maladie ou de vieillesse, allaient, au contraire, dans une sorte d'enfer glacé où ils souffraient toutes les tortures de la faim. Cette religion était propre à exalter le courage.

Résumé. — 1. Les Francs étaient entrés en Gaule par le nord. Sous leur roi Mérovée, ils combattirent avec courage les Huns. 2. Un autre de leurs rois, Clovis, conquit bientôt toute la Gaule.

Exercices. — *La loi permet-elle aujourd'hui de se racheter d'une peine à prix d'argent ? — Cette coutume des Francs était-elle propre à faire régner la paix ? — Pourquoi appelait-on les combats singuliers le Jugement de Dieu ? — Que pensez-vous de cet usage ? Favorisait-il la justice ? — Reste-t-il en France quelque chose qui rappelle un peu le jugement de Dieu ? (le duel).*

Questionnaire. — 1. Qu'était-ce que les Francs ? — 2. Par où vinrent-ils dans la Gaule ? — 3. Quel chef donna son nom à la première famille de rois francs ? — 4. A quelle bataille ce chef prit-il part ?

Gaulois revenant d'un combat.

Repas gaulois suivi d'un combat.

Vercingétorix se rend à César.

Ville de la Gaule
après la conquête romaine.

Intérieur d'une riche maison gauloise
après la conquête romaine.

Soldats romains.

Attila.

Les Huns en marche.

Sainte Geneviève empêche
les Parisiens de déserter leur ville.

Francs.

Tout Franc accusé d'un crime
pouvait provoquer son accusateur
au combat (jugement de Dieu).

Villa franque.

CLOVIS — CONQUÊTE DE LA GAULE

1. Clovis (481-511) vainquit d'abord à **Soissons** (486) une petite armée romaine qui occupait le nord de la Gaule. Il épousa ensuite une princesse chrétienne, Clotilde, nièce du roi des Burgondes.

2. Après avoir battu les Alamans à **Tolbiac** (496), il se convertit et fut baptisé par l'évêque **saint Remy**.

3. Dès lors, appuyé par tous les chrétiens de la Gaule, il soumit les Burgondes, puis attaqua les Wisigoths, qui furent écrasés à **Vouillé** (507).

4. Il fit ensuite assassiner les autres rois Francs, ses parents, et régna désormais sur toute la Gaule.

RÉCITS

Le vase de Soissons. — Après la bataille de Soissons, saint Rémy pria Clovis de lui faire rendre un vase qui avait

été dérobé à une de ses églises. Clovis demanda à ses guerriers de lui abandonner ce vase pour sa part de butin. Tous y consentirent, sauf un qui frappa l'objet d'un coup de sa hache en disant : « Tu n'auras que ce que le sort te donnera. » Le roi cacha son ressentiment de cet outrage. Mais un an après, comme, passant une revue, il arrivait auprès du guerrier qui l'avait insulté, il lui dit : « Personne n'a des armes aussi mal tenues que toi, » puis il lui arracha sa hache et la jeta par terre. Le soldat se baissa pour la ramasser ; alors, le roi, levant sa francisque, la lui abattit sur la tête en disant : « Voilà ce que tu as fait au vase à Soissons. » Cette action inspira à tous ses guerriers une grande crainte.

Baptême de Clovis. — Clovis avait épousé la chrétienne Clotilde. Cette princesse voulut le faire renoncer au culte des idoles ; il s'y refusa. Mais un jour qu'il livrait bataille aux Alamans près de Tolbiac, son armée fut sur le point

Notes explicatives. — **Alamans**, peuple germain. — **Sicambre**, nom d'une population apparentée aux Francs.

d'être taillée en pièces. Alors il éleva les mains au ciel en disant: « Jésus-Christ qui, dit-on, soutiens ceux qui espèrent en toi, j'invoque avec dévotion la gloire de ton secours; si tu m'accordes la victoire sur mes ennemis, je croirai en toi, et me ferai baptiser en ton nom, car j'ai invoqué en vain mes dieux, ce qui me fait croire qu'ils n'ont aucun pouvoir. » Vainqueur, il tint sa promesse et se fit baptiser à Reims avec trois mille de ses guerriers. Comme il s'avançait pour recevoir le baptême, saint Rémy lui dit de sa voix éloquente: « Fléchis humblement le cou, mon doux Sicambre; adore ce que tu as brûlé; brûle ce que tu as adoré. »

Meurtre des rois Francs. — Devenu chrétien, Clovis resta tout aussi cruel que par le passé. Il résolut de se débarrasser de quelques rois francs, ses parents, dont il convoitait les domaines. C'est ainsi qu'il fit dire à Chlodéric, fils du roi de Cologne: « Voilà que ton père est âgé, et il boîte de son pied malade; s'il venait à mourir, son royaume t'appartiendrait de droit ainsi que mon amitié. » Chlodéric fit assassiner son père; mais il fut victime à son tour de la perfidie de Clovis. Un jour qu'il montrait ses trésors à des envoyés de ce prince, un de ceux-ci lui dit: « Avance ta main jusqu'au fond pour que rien ne t'échappe. » Chlodéric s'étant penché, l'autre lui « plongea sa hache dans la cervelle ». Clovis fit de même tuer les rois de Tournai et de Cambrai. Alors, ayant rassemblé les Francs, il parla de ses parents morts, disant avec tristesse : « Malheur à moi qui suis resté comme un voyageur parmi des étrangers, et qui n'ai plus de parents qui puissent me secourir en quelque chose si l'adversité venait. » Il parlait ainsi non par remords de ses crimes, mais pour savoir s'il ne lui resterait pas quelque parent oublié afin de pouvoir le faire mettre à mort comme les autres.

Résumé. — 1. Clovis vainquit les Romains à Soissons et les Alamans à Tolbiac. Après cette bataille il se fit chrétien.

2. Vainqueur aussi des Burgondes et des Wisigoths, il soumit toute la Gaule.

Exercices. — *Que prouve l'anecdote du vase de Soissons ? (Que l'autorité royale n'était respectée chez les Francs qu'autant que le roi était fort.) — Que pensez-vous de la conduite de Clovis à l'égard des rois francs ?*

Questionnaire. — 1. Où Clovis fut-il vainqueur des Romains ? Qui épousa-t-il ? — 2. Où battit-il les Alamans ? Quel fut le résultat de cette bataille ? Par qui et où fut-il baptisé ? — 3. Quels peuples vainquit-il ensuite ? — 4. Que fit-il des rois francs ses parents ?

FRÉDÉGONDE ET BRUNEHAUT

1. Après la mort de Clovis, ses fils se partagèrent son royaume ; puis ses petits-fils firent de même. La Gaule fut alors divisée en deux Etats, l'**Austrasie** ou pays de l'Est, et la **Neustrie** ou pays de l'Ouest, qui ne tardèrent pas à se faire la guerre.

2. Deux femmes se rendirent à cette époque tristement célèbres par leurs crimes : **Brunehaut**, reine d'Austrasie, et **Frédégonde**, reine de Neustrie.

3. Les Neustriens finirent par l'emporter et ils firent mettre à mort Brunehaut.

RÉCITS

Meurtre des enfants de Clodomir. — Un des fils de Clovis, Clodomir, était mort laissant des enfants en bas âge. Ses frères, Childebert et Clotaire, résolurent de les tuer pour se partager leur héritage. Ils se les firent livrer par leur grand'mère, la reine Clotilde, qui les élevait. Puis ils envoyèrent à cette princesse un messager, portant des ciseaux et une épée nue, et chargé de lui demander ce qu'elle préférait, qu'on égorgeât ses petits-fils ou qu'on leur coupât les cheveux. (Chez les Francs les rois portaient une longue chevelure ; la

Meurtre des enfants de Clodomir.

leur couper, c'était les détrôner.) Clotilde, emportée par la douleur, répondit imprudemment : « Si mes enfants ne doivent pas être rois, j'aime mieux les voir morts que tondus. » Aussitôt Clotaire tua l'aîné des enfants ; l'autre se jeta aux genoux de Childebert, qui voulut intercéder pour lui ; mais Clotaire dit à son frère : « Repousse-le loin de toi ou tu mourras certainement à sa place. » Et il égorgea également le malheureux.

Ce même Clotaire avait un fils qui se révolta contre lui ; il

<hr>

Notes explicatives. — **Saint-Denis**, près de Paris. — **Abbaye**, maison religieuse dirigée par un chef nommé abbé. — C'est à l'abbaye de Saint-Denis que plus tard furent enterrés les rois de France. — **Héristal**, dans la Belgique actuelle.

le fit enfermer avec sa femme et ses enfants dans une chaumière à laquelle on mit le feu.

Lutte de l'Austrasie et de la Neustrie. — Sigebert, roi d'Austrasie, et Chilpéric, roi de Neustrie, petits-fils de Clovis, avaient épousé deux sœurs, Brunehaut et Galswinthe, filles d'un roi d'Espagne. Mais Chilpéric se prit bientôt de haine pour sa femme et, sur les conseils d'une suivante du palais, nommée Frédégonde, il la fit étrangler. Il avait commis ce meurtre pour épouser Frédégonde. Brunehaut, désireuse de venger sa sœur, poussa Sigebert à déclarer la guerre à Chilpéric. Sigebert fut vainqueur. Mais Frédégonde avait envoyé contre lui deux assassins qui le frappèrent à coups de couteau et le tuèrent.

Les crimes de Frédégonde. — Frédégonde commit d'autres crimes : elle fit tuer son mari, Chilpéric, un fils qu'il avait eu d'un premier mariage et le saint évêque Prétextat. Elle n'épargna même pas sa propre fille, Rigonthe. Un jour que cette princesse tirait des objets d'un coffre, elle lui rabattit le couvercle sur la tête. La malheureuse aurait été étouffée sans une servante qui cria : « Accourez, je vous prie ; ma maîtresse est étranglée par sa mère ». Frédégonde eut peur et lâcha sa fille qui fut ainsi sauvée.

Mort de Brunehaut. — Frédégonde mourut tranquillement dans son lit après une longue vie remplie de crimes. Brunehaut fut moins heureuse. Vaincue par le roi de Neustrie, Clotaire II, fils de Frédégonde, elle fut tourmentée pendant trois jours par divers supplices, puis promenée sur un chameau à travers tout le camp, sous les huées des soldats, enfin attachée à la queue d'un cheval fougueux qui parsema au loin dans la campagne les chairs sanglantes de la malheureuse, alors âgée de quatre-vingts ans.

Résumé. — 1. Sous les petits-fils de Clovis, la Gaule fut troublée par la rivalité de l'Austrasie et de la Neustrie.

2. La reine d'Austrasie, Brunehaut, finit par être vaincue et elle fut mise à mort cruellement.

Exercices. — *Quel était le principal vice des Francs, d'après les récits qu'on vient de lire ? — Comment s'expliquent les crimes des Francs ? (par la cupidité et par la colère). Comme moralité, à qui pourrait-on aujourd'hui comparer ces peuples ? (peuplades sauvages de l'Afrique qui versent le sang par plaisir).*

Questionnaire. — 1. Qu'appelait-on l'Austrasie et la Neustrie ? — 2. Quelles femmes se rendirent alors célèbres par leurs crimes ? Comment mourut Brunehaut ? — 3. Qui l'emporta des Neustriens ou des Austrasiens ?

DAGOBERT — LES ROIS FAINÉANTS — LES MAIRES DU PALAIS

1. Le fils de Clotaire II, **Dagobert** réunit toute la Gaule sous son autorité. Il fut aidé par un grand ministre, **saint Eloi**.

2. Après lui les rois mérovingiens n'eurent plus aucun pouvoir. On les appelle les **rois fainéants**.

3. Ils laissèrent le gouvernement à des ministres connus sous le nom de **maires du palais**.

4. Le plus célèbre de ces maires du palais fut **Pépin d'Héristal**, maire d'Austrasie. Pépin vainquit les Neustriens, ce qui mit fin à la longue lutte de la Neustrie et de l'Austrasie, et il soumit toute la Gaule à son autorité.

RÉCITS

La légende de Dagobert. — Dagobert fut au fond un assez méchant prince ; mais, grâce à un excellent ministre, saint Éloi, il a laissé une réputation meilleure qu'il ne méritait. Une légende montre que si les contemporains furent frappés de sa puissance, ils n'avaient pas perdu le souvenir de ses vices. Cette légende rapporte qu'un moine italien eut pendant la nuit une vision. Il vit sur la mer une barque chargée de monstres horribles qui conduisaient vers une des bouches de l'enfer, en la maltraitant, l'ombre du roi Dago-

Eloi et Dagobert.

bert. L'ombre se débattait, appelant à son aide saint Martin. Tout à coup une tempête s'éleva, et trois anges tout blancs s'abattirent sur la barque et enlevèrent le prince des mains des démons pour le conduire au ciel. Cette légende signifie que si Dagobert avait fait beaucoup de mal, il avait fait aussi un peu de bien. En réalité c'est saint Éloi qui avait accompli sous son nom de grandes choses, et l'histoire a attribué au roi, non sans injustice, ce qui fut l'œuvre de son ministre.

Saint Éloi. — Éloi était né près de Limoges. Il devint rapidement un habile orfèvre. Or, il arriva que le roi des Francs, Clotaire, voulut avoir un siège orné d'or et de pierres précieuses; mais aucun de ses ouvriers ordinaires ne fut capable d'exécuter ce travail. Éloi, qui avait déjà une certaine réputation, fut alors désigné au prince. Il se chargea de l'ouvrage, et, comme il était très honnête, avec la quantité d'or qu'il avait reçue et qui était trop considérable, il fit non un siège, mais deux. Clotaire, émerveillé, s'écria: «S'il en est ainsi, tu mérites ma confiance, même dans les plus grandes choses», et il accorda sa faveur à l'habile et vertueux ouvrier. Éloi devint ainsi ministre. Sous le règne de Dagobert, il continua à faire des merveilles d'art, enrichissant de ses travaux les tombeaux des grands personnages, ou fabriquant des vases d'or et d'argent. Ce fut lui qui fonda l'abbaye de Saint-Denis, devenue depuis si célèbre. Ce qui vaut mieux encore, il était très bon et faisait le bien : « Combien de fois, s'écrie le moine qui a raconté sa vie, combien de fois il se retira à lui-même le bracelet d'or orné de pierres précieuses qu'il portait au bras ou au poignet, dans le seul but de secourir des malheureux ! » C'est donc à juste titre que la mémoire de saint Éloi est restée populaire.

Les rois fainéants. — Les rois fainéants n'avaient aucun pouvoir. L'historien nous les représente comme de vrais fantômes de rois, avec leur chevelure flottante, leur longue barbe, assis sur un trône pour recevoir les ambassadeurs, mais ne possédant rien en propre, et réduits, quand il fallait aller quelque part, à se montrer sur un char traîné par un attelage de bœufs qu'un bouvier menait à la manière des paysans.

Résumé. — 1. Après le règne glorieux de Dagobert, les rois mérovingiens cessèrent d'être obéis : ils furent des rois fainéants.

2. Leurs ministres, les maires du palais, gouvernèrent à leur place. Un de ces ministres, Pépin d'Héristal, vainquit les Neustriens.

Exercices. — *Comment vous expliquez-vous que les rois mérovingiens se soient laissé enlever le pouvoir par les maires du palais ? Les rois avaient-ils une grande autorité (vase de Soissons)? Que fallait-il pour qu'ils fussent obéis ?*

Questionnaire. — 1. Qu'était-ce que Dagobert ? Quel fut son ministre ? — 2. Qu'appelle-t-on les rois fainéants ? — 3. Qu'est-ce que les maires du palais ? — 4. Qu'est-ce que Pépin d'Héristal ?

AVÈNEMENT DES CAROLINGIENS

1. Le fils de Pépin d'Héristal, **Charles Martel**, acheva la soumission des Neustriens, déjà vaincus par son père.

2. Il écrasa ensuite à **Poitiers** (732) les Arabes qui, après avoir conquis l'Afrique du nord et l'Espagne, venaient d'attaquer la Gaule.

3. Son fils, **Pépin le Bref**, renversa en 752 le dernier des Mérovingiens, Childéric III, et se fit reconnaître comme roi.

4. Avec lui commence la seconde famille des rois Francs, les **Carolingiens**.

RÉCITS

La bataille de Poitiers. — Les Arabes, maîtres de l'Espagne, avaient franchi les Pyrénées et ravageaient le sud de la Gaule. Bientôt ils arrivèrent jusqu'à la Loire. Le duc des Francs, Charles, vint à leur rencontre. Ils reculèrent et la bataille eut lieu entre Poitiers et Tours. Durant six jours les ennemis s'observèrent ; enfin le septième, Abd-el-Rhaman, chef des Arabes, lança toute sa cavalerie

Charles Martel à la bataille de Poitiers.

contre les guerriers francs. Mais ceux-ci, qu'on eût dits soudés les uns aux autres, formaient comme « un mur de fer » que rien ne put rompre. Les Arabes chargèrent vingt fois sans résultat. Tout à coup un grand tumulte se produisit dans leurs rangs. Leur camp venait d'être tourné et attaqué par derrière. Pour sauver les richesses qu'il contenait, ils battirent en retraite. Charles les poursuivit et Abd-el-Rhaman

---

Notes explicatives. — Le nom des Carolingiens vient de **Charles** (Carolus en latin), fils de Pépin le Bref, et plus connu sous le nom de Charlemagne. — **Arabes**, peuples venus de l'Arabie, presqu'île d'Asie, et qui avaient, à cette époque, conquis toute l'Afrique du Nord et l'Espagne.

fut tué. Comme la nuit tombait, le chef des Francs n'osa continuer la lutte. Le lendemain il s'attendait à être attaqué de nouveau ; mais les Arabes s'étaient enfuis pendant la nuit, après avoir éprouvé qu'ils ne pouvaient vaincre de si terribles ennemis. L'historien de la bataille prétend qu'ils avaient eu trois cent soixante-quinze mille morts. Cette exagération prouve du moins que la lutte fut acharnée : « Dès lors tous commencèrent à surnommer le duc Charles **Martel**, parce que, comme le martel (marteau) brise toute espèce de fer, ainsi, avec l'aide du Seigneur, il brisait ses ennemis dans toutes les batailles ». Cette victoire sauvait l'Europe.

Pépin le Bref. — Le fils de Charles Martel, Pépin, fut surnommé le Bref à cause de sa petite taille. Il était d'ailleurs d'une grande force si on en croit une légende, peu vraisemblable, qui le représente comme ayant abattu, d'un seul coup de son épée, la tête d'un lion. Sa famille étant très aimée du peuple, ce prince voulut se faire roi. Mais il craignait qu'on ne lui fît opposition et il demanda l'autorisation du pape, sachant bien que les catholiques n'oseraient désobéir au chef de l'Eglise. Deux de ses officiers allèrent donc représenter au pape Zacharie que, depuis longtemps, « toute la puissance appartenait aux maires du palais », puis ils le prièrent de décider « lequel devait légitimement être et se nommer roi, de celui qui demeurait sans inquiétude et sans péril en son logis, ou de celui qui supportait le soin de tout le royaume et les soucis de toutes choses. » Le pape, attaqué par un peuple d'Italie, les Lombards, avait intérêt à être l'ami du puissant duc des Francs. Il se hâta donc de déclarer que « Pépin, qui possédait la puissance royale, devait jouir aussi des honneurs de la royauté ». En conséquence, le Mérovingien Childéric, « qui était dit faussement roi », fut enfermé dans un monastère et Pépin prit le titre de roi.

Résumé. — 1. **Charles Martel, fils de Pépin d'Héristal, vainquit en 732 à Poitiers les Arabes qui, maîtres de l'Espagne, voulaient conquérir l'Europe.**

2. **Son fils, Pépin le Bref, prit le titre de roi en 752. Avec lui commence la famille des Carolingiens.**

Exercices. — *Que serait-il arrivé si Charles Martel avait été vaincu à Poitiers ? En quoi sa victoire sauva-t-elle l'Europe ?*

Questionnaire. — 1. Quel fut le fils de Pépin d'Héristal ? — 2. Où vainquit-il les Arabes ? — 3. Quel est le grand acte qu'accomplit en 752 Pépin le Bref ? — 4. A quelle famille le pouvoir passa-t-il alors ?

PÉPIN LE BREF ET CHARLEMAGNE — LUTTES EN ITALIE

1. Pépin le Bref fit de nombreuses guerres ; il battit les peuples de Germanie et soumit le sud de la Gaule, qui s'appelait alors l'Aquitaine ?

2. Il passa ensuite en Italie où l'appelait le pape Etienne II, attaqué par le roi des Lombards, Astolphe. Il vainquit ce prince et donna une partie de ses Etats au pape, ce qui fut l'origine de la puissance temporelle du Saint-Siège.

3. Son fils **Charlemagne**, c'est-à-dire Charles le Grand (768-814), fit, lui aussi, des expéditions en Italie. Il vainquit le successeur d'Astolphe, Didier, et confirma au pape, la donation de Pépin. Après quoi il prit pour lui-même le titre de **roi d'Italie.**

RÉCITS

Charlemagne et Didier. — Astolphe avait été remplacé par un prince très doux nommé Didier. Didier rechercha l'alliance des Francs et donna sa fille en mariage à leur roi Charles, fils de Pépin. Mais au bout d'un an Charles renvoya sa femme. Didier irrité devint son ennemi. Charles alla l'attaquer dans sa capitale et le vainquit. Nous trouvons à ce propos dans un historien le récit suivant, qui montre quelle haute idée les hommes de ce temps se faisaient de la puissance de Charlemagne :

L'armée de Charlemagne. — Un des principaux seigneurs francs, Oger, ayant encouru la colère de Charlemagne, s'était retiré auprès de Didier. Lorsqu'on leur annonça l'arrivée de l'armée franque, ils montèrent sur une tour d'où on voyait au loin dans la campagne. D'abord apparurent les valets qui menaient les chariots et les bagages. « Charles est-il dans cette grande armée ? demanda le roi des Lombards. — Non, répondit Oger, pas encore. »

A la vue de la foule armée des gens du peuple rassemblés de tous les points de l'empire, Didier s'écria : « Certainement l'orgueilleux Charles est au milieu de ces troupes. — Pas encore ; il n'est pas près de paraître. »

Les terreurs de Didier. — Alors le roi fut pris d'une sueur froide et dit : « Que ferons-nous, si d'autres viennent encore avec lui ? » Oger lui répondit : « De nous je ne sais ce qu'il adviendra. » Pendant qu'ils parlaient ainsi, ils aperçurent la garde du roi qui n'a jamais connu le repos. « Voilà Charles, s'écria Didier, frappé de stupeur. — Pas encore. »

Ensuite apparurent les évêques, les abbés, les clercs de la chapelle avec leurs suivants. A cette vue, Didier, également effrayé de vivre ou de mourir, éclata en gémissements : « Descendons, cachons-nous dans les profondeurs de la terre, loin du regard furieux d'un si terrible adversaire. » Mais Oger, qui connaît la puissance de l'incomparable Charles, lui dit en tremblant : « Quand tu verras une moisson de fer se dresser dans les champs, quand les flots du fleuve, pareils à ceux de la mer, s'élèveront tout noirs de fer au-dessus des murailles des cités, alors il faudra s'attendre à voir paraître Charles. »

La puissance de Charlemagne. — Il n'avait pas achevé qu'on aperçut du côté de l'Occident une nuée ténébreuse. (C'est l'armée de Charles qui obscurcit le soleil.) Alors ils virent Charles qui semblait être un homme de fer. Ceux qui l'entourent sont comme lui. Cette vue est si terrible que de tous côtés dans la ville on entend une clameur confuse : « Oh ! que de fer ! hélas ! que de fer ! » Oger embrassa ce spectacle d'un coup d'œil rapide. « Voilà, dit-il au roi Didier, voilà celui que tu as tant cherché. » Et il tomba privé de sentiment.

Résumé. — 1. Pépin le Bref, roi guerrier, fut l'allié du pape à qui il donna de grandes possessions enlevées aux Lombards.

2. Il eut pour fils Charlemagne qui, vainqueur lui aussi des Lombards, se fit couronner roi d'Italie.

Exercices. — *Pourquoi le pape, attaqué par les Lombards, s'adressa-t-il à Pépin le Bref ? Ne lui avait-il pas rendu des services ? — Qu'appelle-t-on la puissance temporelle des papes ? (Le pape n'était pas seulement le chef de l'Église, mais encore un véritable roi, ayant des Etats, une armée, levant les impôts et rendant la justice. Cette puissance temporelle a été supprimée en 1870, quand les Italiens ont réuni à leur royaume les anciennes possessions des papes.) N'y avait-il pas quelque imprudence de la part de Pépin et de Charlemagne à accroître ainsi le pouvoir des papes ?*

Questionnaire. — 1. Quelles furent les principales guerres de Pépin le Bref ? — 2. Contre quel peuple ce prince alla-t-il combattre en Italie ? Que fit-il des domaines des vaincus ? — 3. Qui eut-il pour fils ? Quel titre prit Charlemagne après son expédition d'Italie ?

Clovis à Tolbiac.

Baptême de Clovis.

Meurtre de Chlodéric.

Meurtre de Sigebert.

Frédégonde essaie de tuer
sa fille Rigonthe.

Mort de Brunehaut.

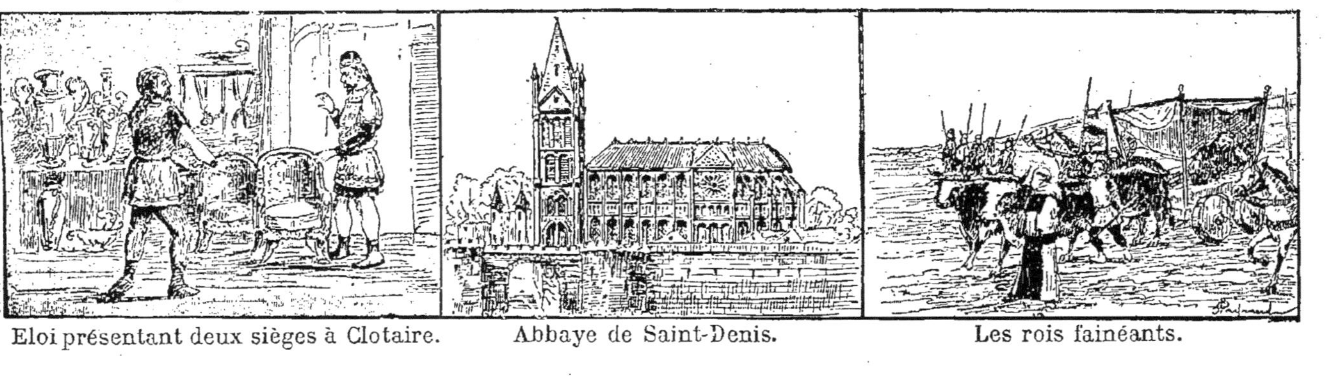

Eloi présentant deux sièges à Clotaire.

Abbaye de Saint-Denis.

Les rois fainéants.

Le pape Etienne
implorant le secours de Pépin.

Les terreurs de Didier à la vue des armées
de Charlemagne.

CHARLEMAGNE — GUERRE DE SAXE

1. Charles Martel et Pépin avaient envoyé des missionnaires pour convertir les peuples de Germanie. Le plus illustre d'entre eux, **saint Boniface**, après avoir passé de longues années auprès des Germains, fut mis à mort par eux.

2. Charlemagne entreprit de les forcer à se faire chrétiens, et il fit la guerre notamment aux **Saxons**.

3. Ceux-ci, dirigés par un guerrier nommé **Witikind**, résistèrent pendant trente ans. Charlemagne finit par les vaincre et il réunit leur pays à ses Etats.

RÉCITS

Les Saxons. — Les Saxons étaient un peuple germain, de mœurs cruelles. Les *hommes de la terre rouge*, comme ils s'appelaient eux-mêmes, toujours prêts à verser le sang et d'ailleurs très jaloux de leur indépendance, maltraitèrent des missionnaires que Charlemagne avait envoyés pour les convertir. Alors le roi des Francs les attaqua en 772. Les soldats eurent d'abord des succès et ils renversèrent l'*Herminsul*, la principale idole des Saxons. C'était une statue armée, qui tenait de la main gauche une balance et de la droite un drapeau où se voyait une rose. Sur son bouclier était peinte l'image d'un lion et elle avait à ses pieds un champ de fleurs. Les Saxons, quoique vaincus, ne déposèrent pas les armes.

Witikind. — Ils avaient pour chef un brave guerrier nommé Witikind. Celui-ci profita de ce que Charles faisait la guerre en Italie pour recommencer la lutte. Un corps d'armée franc, surpris à l'improviste, fut taillé en pièces. Aussitôt Charlemagne accourt. Il bat les ennemis et leur prend quatre mille hommes qu'il fait massacrer. Cet acte de cruauté amena une nouvelle révolte. Mais enfin les Saxons furent vaincus et Witikind fit sa soumission. Il vint recevoir le baptème à Attigny-sur-Aisne.

La légende de Charlemagne. — La réputation de Charlemagne était si grande qu'il se forma une véritable légende à son sujet. On le représenta comme un être surhu-

---

Notes explicatives. — La **Saxe**, pays qui occupait tout l'ouest de la Germanie. — La **Germanie** est l'Allemagne actuelle.

main, un géant, tel qu'on en voit dans les contes de fées. Il a une taille de huit pieds, « de la mesure des siens qui étaient très grands » (cela fait bien trois mètres de haut). Sa tête est énorme avec un front d'un pied de large, un nez petit et plat, des yeux de lion, gros, verts et étincelants comme des escarboucles, la barbe longue de plus d'un pied. A son dîner il mange, sans compter les services supplémentaires, le quart d'un mouton ou deux poules ou une oie, ou un paon, ou un lièvre tout entier. Sa force est telle que d'un coup de son épée, Joyeuse, il coupe en deux, de la tête aux pieds, un soldat armé avec son cheval; ou bien il lève de terre jusqu'à la hauteur de sa tête un homme armé de toutes pièces debout sur la paume de sa main. La légende fait aussi voyager Charlemagne dans tous les pays du monde, notamment en Orient où il lui arrive les aventures les plus merveilleuses.

Le vrai Charlemagne. — Le Charlemagne de l'histoire est tout autre. C'est un homme gros et assez grand, fort mangeur, qui aime beaucoup les exercices physiques, la natation, la chasse. Il parle bien, sait un peu de latin, presque pas de grec, aime l'étude et surtout s'applique avec un rare bonheur au gouvernement de l'empire. Il ne perd rien, en somme, à être moins au-dessus de l'humanité que ne l'ont cru ses contemporains.

Résumé. — 1. Après avoir vaincu les Lombards, Charlemagne attaqua les Saxons.

2. Malgré la résistance de leur chef Witikind, il les vainquit et les força à recevoir le baptême.

3. La Saxe fut ainsi réunie à ses Etats.

Exercices. — *Que signifie le mot missionnaire ? — Connaissez-vous aujourd'hui des missionnaires ? — Quel est leur rôle et où vont-ils ? — Admettons-nous de nos jours qu'on ait le droit de faire la guerre à un peuple pour le forcer à changer de religion ? — Comment s'appelle la liberté de penser ce que l'on veut en matière de religion ? — Expliquez pourquoi cette liberté est précieuse. Demandez-vous si Charlemagne, en attaquant les Saxons, n'avait pas d'autre motif que le désir de les convertir ? (nécessité de consolider et de garantir les frontières de ses Etats).*

Questionnaire. — 1. Quel fut le rôle des missionnaires sous Pépin et Charlemagne ? Citez le principal d'entre eux. — 2. Pourquoi Charlemagne fit-il la guerre aux Saxons ? — 3. Quel fut le héros de la résistance saxonne ? Comment se termina cette guerre ?

L'EMPIRE FRANC

1. Charlemagne fit d'autres guerres que celles d'Italie et de Saxe. Il vainquit les **Bavarois**, peuple germain, les **Avars**, venus d'Asie comme les Huns, enfin les **Arabes** d'Espagne. Dans la guerre contre ces derniers mourut son neveu **Roland**.

2. En l'an 800, Charlemagne, qui était à Rome, reçut des mains du pape la couronne qu'avaient portée autrefois les empereurs romains.

3. Désormais il n'est plus roi des Francs, mais **Empereur d'Occident**, et sa puissance devient si grande qu'il semble le maître de presque toute l'Europe.

RÉCITS

La Chanson de Roland. — Il semble bien que dans l'expédition d'Espagne les Francs aient éprouvé des échecs assez graves. Ils furent notamment surpris par les montagnards pyrénéens au passage du col de Roncevaux, et leur arrière-garde, commandée par Roland, neveu de Charlemagne, fut écrasée. Cette aventure a été longuement racontée dans l'un de nos plus anciens poèmes, la **Chanson de Roland**, dont voici le résumé.

Marsille et Ganelon.

L'embuscade de Roncevaux. — Le roi arabe Marsille a gagné à prix d'argent Ganelon, seigneur de la cour de Charlemagne, qui devient dès lors traître à son souverain. Ils complotent ensemble de

---

Notes explicatives. — On montre encore aux Pyrénées un roc immense entaillé, dit-on, par Durandal. C'est un défilé étroit qui porte le nom de **Brèche de Roland**. Pendant longtemps on a montré aussi à Blaye (Gironde) un cor d'ivoire qui était, disait-on, celui dont Roland sonna pour appeler Charlemagne. — **Roncevaux**, col des Pyrénées. — **Écartelé** : supplice qui consistait à attacher un criminel par les bras et les jambes à des chevaux et à tirer ensuite dans des sens différents jusqu'à ce que les membres fussent rompus. — **Bavarois**, peuple qui habitait le sud de l'Allemagne. — **Avars**, peuple établi dans la Hongrie actuelle.

massacrer l'arrière-garde de l'armée franque et son chef, le **comte Roland**. Une embuscade est dressée au **col de Roncevaux**. Là Roland, son ami Olivier et l'archevêque Turpin, aussi propre aux armes qu'aux prières font merveille, Roland surtout, monté sur Vaillantif, son bon coursier, et armé de son épée **Durandal.**

Supplice de Ganelon. — Mais les Francs sont les moins forts. Alors Roland sonne de son cor pour appeler Charlemagne. Ganelon veut dissuader l'empereur de venir au secours de son neveu ; mais Charles le fait saisir : « Il l'abandonne aux garçons de sa cuisine. Ils lui arrachent poil à poil la barbe et la moustache, le frappent à coups de poing et de bâton, lui passent une chaîne au cou, comme on fait à un ours, puis le chargent sur une bête de somme. » Plus tard il sera écartelé.

Durandal. — Mais l'empereur arrive trop tard. Quand Roland a vu tomber tous ses compagnons, et Olivier et l'archevêque lui-même, il s'est battu jusqu'à la mort. A la fin, il se sent défaillir. Alors, ne voulant pas livrer aux infidèles sa bonne épée Durandal, il essaie de la briser sur le roc ; mais en vain, c'est le roc qui se fend. Dans son chagrin il se lamente : « Ah ! sainte Durandal, dans ta garde dorée que de reliques ! une dent de saint Pierre, du sang de saint Basile, des cheveux de Monseigneur saint Denis. Se pourra-t-il qu'un païen te possède ? »

Mort de Roland. — A ces mots, dit le poète, « la mort l'entreprend et lui gagne le cœur. Sur l'herbe verte il s'étend, couche sous lui son épée et son cher olifant (son cor), » puis il tourne le visage vers les Sarrasins et meurt.

Résumé. — 1. Outre les Lombards et les Saxons, Charlemagne vainquit les Bavarois, les Avars, les Arabes d'Espagne.

2. En l'an 800, il reçut du pape la couronne impériale et prit le titre d'Empereur d'Occident.

Exercices. — *Dites les sentiments que vous fait éprouver la lecture de la Chanson de Roland. — Pourquoi le titre d'empereur faisait-il Charlemagne supérieur aux autres rois barbares ? (Les barbares avaient toujours considéré les empereurs romains comme bien au-dessus d'eux. En prenant le nom d'empereur, Charlemagne semblait être leur successeur.)*

Questionnaire. — 1. Quelles sont les guerres faites par Charlemagne en dehors de la guerre de Saxe ? Dans quelle guerre mourut le comte Roland ? — 2. Quel est le grand événement de l'an 800 ? — 3. Quel titre prit Charlemagne ?

GOUVERNEMENT DE CHARLEMAGNE

1. Charlemagne avait considérablement étendu par ses conquêtes le royaume des Francs. Outre la Gaule, il possédait en effet une grande partie des pays qui forment aujourd'hui l'Allemagne, l'Italie et l'Espagne.

2. Il gouverna bien ses Etats, fit de sages lois ou **capitulaires** (ainsi nommées parce qu'elles étaient divisés en chapitres, *capita*) et, pour développer l'instruction, fonda de nombreuses écoles.

3. Il accorda toute sa faveur aux meilleurs écrivains de son temps, notamment à **Alcuin** et à **Eginhard**.

RÉCITS

Le capitulaire de Villis. — Dans ses capitulaires, Charlemagne s'occupait aussi bien de l'administration de ses domaines que du gouvernement de son royaume. Un de ces capitulaires, celui des fermes (*de Villis*), est très curieux, parce qu'il nous montre à quelle minutie de détails l'empereur descendait. Il nous renseigne en outre sur l'état de l'agriculture au IXe siècle. On y lit : « Il doit y avoir dans les basses-cours des principales métairies au moins cent poules et trente oies. Il y aura toujours dans ces métairies des moutons et des cochons gras, et au moins deux bœufs gras. Les intendants feront saler le lard ; ils veilleront à la confection des cervelas, des andouilles, du vin, du vinaigre, du sirop et même de la moutarde, du fromage, du beurre, de la bière, de l'hydromel, du miel et de la cire... Les intendants défendront de fouler

Charlemagne dictant ses capitulaires.

Notes explicatives. — **Hydromel**, boisson faite d'eau et de miel fermenté. — **Bagdad**, ville de la Turquie d'Asie, capitale à cette époque d'un grand empire Arabe. — **Khalife** ou **calife** était le titre donné d'ordinaire aux souverains arabes. — **Horloge à eau**. Le temps se mesurait par le volume d'eau qui s'écoulait régulièrement d'un réservoir.

la vendange avec les pieds, car Charlemagne et la reine veulent que la vendange soit très propre... Il faudra vendre au marché, au profit de l'empereur, les œufs qu'il y aura en trop.

« On cultivera toutes sortes de plantes, de légumes et de fleurs : des roses, du baume, de la sauge, des concombres, des haricots, de la laitue, du cresson, de la menthe ordinaire et sauvage, de l'herbe aux chats, des choux, des oignons, de l'ail et du cerfeuil. ».

Charlemagne et l'école du palais. — Charlemagne avait établi dans son propre palais une école qu'il allait souvent visiter. Là étaient élevés les fils des principaux officiers du royaume. L'empereur s'aperçut un jour que les enfants les plus pauvres étaient aussi les plus instruits. Il leur promit de leur donner les principales charges et, se tournant vers les autres, il ajouta : « Par le Dieu du ciel, je fais peu de cas de votre noblesse et de votre gentillesse, bien que d'autres vous admirent. Et tenez pour certain que si vous ne réparez promptement votre négligence, vous n'avez rien à attendre de moi. »

Charlemagne et Haroun-al-Raschid. — Charlemagne fut en relations avec les souverains de son temps, notamment avec le puissant khalife de Bagdad, Haroun-al-Raschid. Ce prince, dit-on, lui envoya de nombreux présents qui étonnèrent fort les Francs. C'étaient d'abord un éléphant gigantesque, et une horloge à eau dont les heures étaient marquées par de petites boules qui rendaient un son en tombant sur un bassin de métal ; en même temps on voyait, à chaque sonnerie, défiler de petits cavaliers. Il y avait aussi des singes, animaux alors inconnus en Europe, et des parfums en si grande quantité que, dit l'historien, il semblait qu'on eût épuisé l'Orient pour en remplir l'Occident.

Résumé. — 1. Charlemagne mit tous ses soins à bien gouverner les nombreux peuples de son empire.

2. Il leur donna de sages lois appelées capitulaires, fonda partout des écoles et protégea les meilleurs écrivains de son temps.

Exercices. — *Les cultures de l'époque de Charlemagne étaient-elles les-mêmes que celles d'aujourd'hui ? Citez-en qui étaient alors inconnues. Les fermes impériales ressemblaient-elles à nos fermes actuelles ? — Pourquoi les Francs furent-ils étonnés en voyant des éléphants et des singes ? — D'où sont originaires ces animaux ? — Se sert-on aujourd'hui d'horloges à eau ?*

Questionnaire. — 1. Quels pays comprenait l'empire de Charlemagne ? — 2. Qu'appelle-t-on capitulaires et d'où vient ce nom ? Que fit Charlemagne pour l'instruction ? — 3. Quels écrivains protégea-t-il ?

Statue de Charlemagne.

L'*Herminsul*,
Principale idole des Saxons.

Charlemagne reçoit la
soumission des Saxons.

La *Chanson de Roland*
(Roland, Olivier et Turpin
au col de Roncevaux).

La *Chanson de Roland*
(Supplice de Ganelon).

La *Chanson de Roland*
(Mort de Roland).

Une métairie sous Charlemagne.

Charlemagne visite une école.

Alcuin et Eginhard.

Intérieur du palais d'Haroun-al-Raschid
à Bagdad.

Charlemagne reçoit les présents
d'Haroun-al-Raschid.

PREMIÈRE PÉRIODE

1. La Gaule était un pays barbare lorsque Jules César la conquit malgré l'héroïque défense de Vercingétorix.

2. Elle accepta la civilisation romaine, se couvrit de grandes villes, de monuments et d'écoles. Ele fut ensuite conquise par le roi des Francs, Clovis (481-511).

3. Toute civilisation disparut alors. Les Francs, divisés en Austrasiens et en Neustriens, se firent la guerre. A la faveur de ces luttes, les rois perdirent tout pouvoir et se laissèrent gouverner par les maires du palais.

4. Les maires du palais d'Austrasie rendirent du moins de grands services à leur pays. Pépin d'Héristal soumit les Neustriens. Par la victoire de Poitiers (732), Charles Martel sauva l'Europe d'une invasion arabe.

5. Pépin le Bref, son fils, prit le titre de roi (752). La Gaule, unie sous une même domination, ne connut plus dès lors les guerres civiles.

6. Pépin le Bref était devenu roi grâce à l'appui de l'Eglise. En témoignage de reconnaissance, il fit don au pape de grandes possessions en Italie. Le pape, déjà chef spirituel des chrétiens, devint ainsi un souverain temporel.

7. Charlemagne, fils de Pépin le Bref, montra le même attachement à l'Eglise. Il se considéra comme destiné à imposer la religion chrétienne à toute l'Europe. C'est ainsi qu'il fit la guerre aux Saxons pour les forcer à se convertir, et aux Lombards d'Italie pour les empêcher d'attaquer le pape.

8. Il lutta aussi contre d'autres peuples, les Bavarois, les Avars, les Arabes d'Espagne. Par ces guerres il acquit une grande renommée et étendit beaucoup les frontières de son royaume, qui finit par comprendre, en plus de la Gaule, l'Italie et presque toute l'Allemagne.

9. Ayant ainsi servi la cause de la religion et montré sa puissance, Charlemagne, pour prouver qu'il était supérieur aux autres rois, prit le titre d'empereur qu'avaient porté autrefois les souverains de Rome. Le pape lui donna la couronne impériale en l'an 800.

10. Cette période de l'histoire des Francs est donc caractérisée par une alliance très étroite de la royauté carolingienne avec l'Eglise. L'empereur et le pape s'entendent pour gouverner le monde, jusqu'au jour où chacun d'eux

voudra dominer l'autre, ce qui amènera de longues luttes.

11. Charlemagne ne fut pas seulement un prince guerrier, il administra sagement ses États, leur donna de bonnes lois, et s'attacha à développer l'instruction.

TABLEAU RÉCAPITULATIF

Gaule ancienne	Pays inculte ; mœurs violentes. Conquête de J. César : défense héroïque de Vercingétorix.
Invasions	Wisigoths, Burgondes, Francs. Les Huns : bataille de Châlons (451).
Clovis (481-511)	Victoire de Soissons (486). Victoire de Tolbiac et baptême de Clovis (496). Soumission de toute la Gaule. Meurtre des rois Francs.
Rivalité de l'Austrasie et de la Neustrie	Division du royaume franc en Austrasie et Neustrie. Frédégonde et Brunehaut. Règne de Dagobert : sage gouvernement de saint Eloi. Rois fainéants et Maires du palais.
Les ducs d'Austrasie	Défaite de la Neustrie par le duc d'Austrasie, Pépin d'Héristal. Victoire de Charles Martel à Poitiers sur les Arabes (732). Fin des Mérovingiens en 752.
Pépin le Bref	Guerre contre les Lombards. Fondation de la puissance temporelle des papes.
Les guerres de Charlemagne (768-814)	Expédition en Italie. Guerre contre les Saxons ; conversion de Witikind ; soumission de la Saxe. Guerres contre les Bavarois, les Avars, les Arabes. Mort de Roland.
L'administration de Charlemagne	Les lois ou capitulaires. Fondation d'écoles. Protection aux lettres et aux arts.

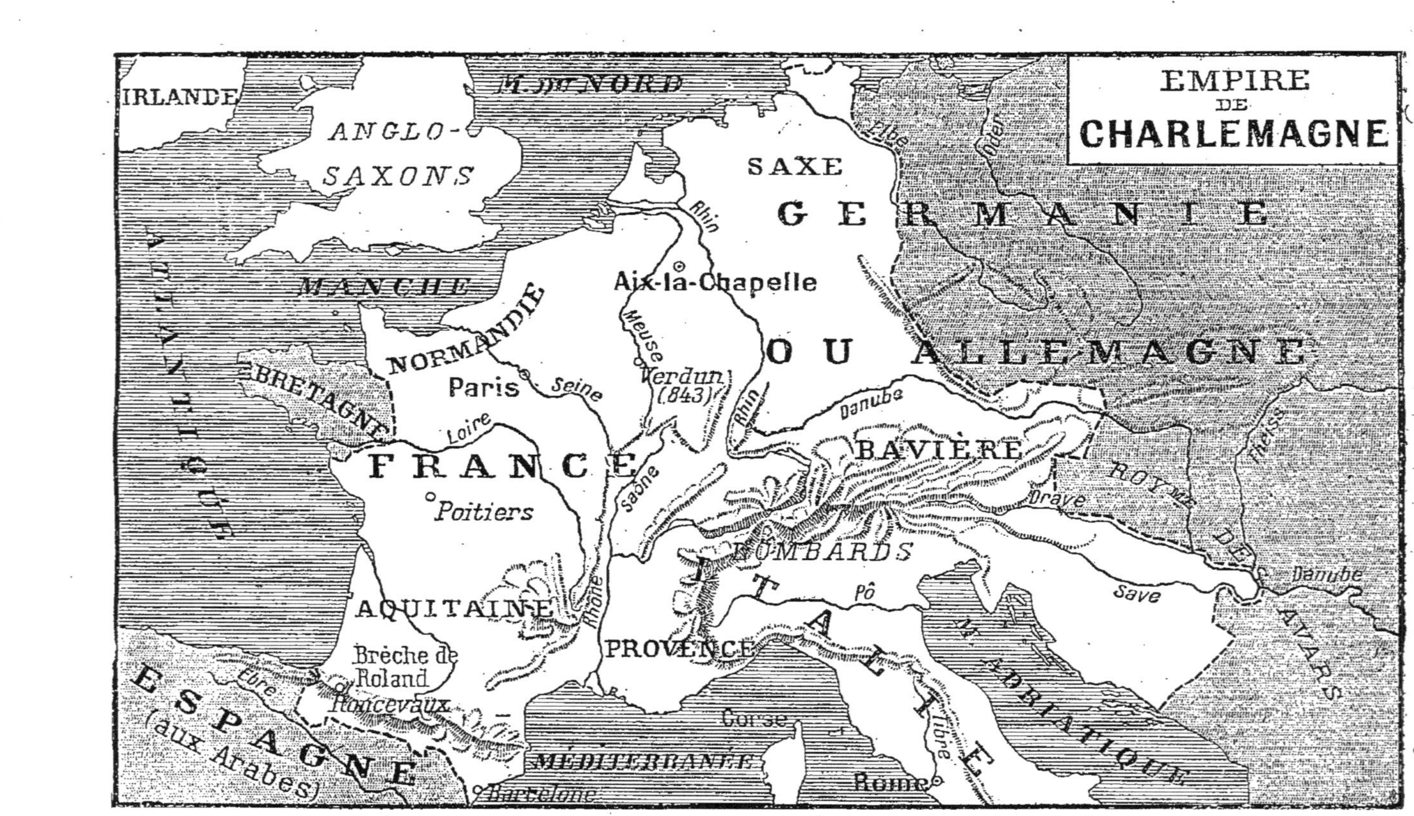

EMPIRE
DE
CHARLEMAGNE
IRLANDE
M. DU NORD
ANGLO-SAXONS
SAXE
GERMANIE
Elbe
Oder
Rhin
MANCHE
Aix-la-Chapelle
OU ALLEMAGNE
NORMANDIE
Meuse
Verdun (843)
Rhin
Danube
BAVIÈRE
Paris
Seine
ATLANTIQUE
BRETAGNE
Loire
FRANCE
Saône
Drave
Theiss
Pô
LOMBARDS
ROYme DES AVARS
Poitiers
Save
Danube
AQUITAINE
Rhône
ITALIE
PROVENCE
M. ADRIATIQUE
Brèche de Roland
Roncevaux
Ebre
Corse
Tibre
ESPAGNE
(aux Arabes)
MÉDITERRANÉE
Rome
Barcelone

DEUXIÈME PÉRIODE

La Féodalité

Les Entreprises Féodales

O. Lepage, delt"""

DÉMEMBREMENT DE L'EMPIRE. LES NORMANDS

1. L'empire franc dura peu, à cause de la faiblesse du fils de Charlemagne, **Louis le Débonnaire,** et des luttes civiles qui éclatèrent après la mort de ce prince.

2. En 843, au traité de Verdun, cet empire fut démembré et forma trois États : la **France,** l'**Allemagne** et l'**Italie.**

3. L'Europe fut alors troublée par les invasions de peuples du Nord ou **Normands.** En France, un brave seigneur, **Robert le Fort,** et son fils, le comte **Eudes,** combattirent ces envahisseurs.

4. Mais le roi **Charles le Simple,** désespérant de les vaincre, préféra traiter avec eux et leur céda le pays qui s'est appelé la Normandie.

5. Les successeurs de Charlemagne menèrent une vie misérable jusqu'au jour où un descendant de Robert le Fort, **Hugues Capet,** prit la couronne à leur place en 987.

RÉCITS

Les Normands. — Les Normands (hommes du Nord)

Les Normands

étaient originaires de la péninsule scandinave. Hardis marins et commerçants habiles, ils se lançaient volontiers sur l'Océan, qu'ils appelaient la route des cygnes, et ils venaient vers les pays du sud pour commercer ou pour piller, suivant l'occasion. Louis le Débonnaire les attira dans l'empire, en leur donnant de beaux vêtements et de riches présents pour qu'ils se fissent chrétiens.

Conversions fréquentes des Normands. — Aussi accoururent-ils en foule. Ils se faisaient baptiser pour avoir

---

Notes explicatives. — **Péninsule scandinave** : péninsule du Nord de l'Europe qui comprend la Suède et la Norvège. — **Route des cygnes** : l'avant de leurs barques se relevait comme un col de cygne. La route des cygnes, cela veut donc dire la route des barques.

des vêtements ; mais ils étaient trop nombreux, il n'y eut
bientôt plus de quoi les vêtir. On fut obligé, un jour de
donner à l'un d'eux une mauvaise chemise mal cousue. Il la
regarda avec mépris en disant à l'empereur : « J'ai déjà été
lavé (baptisé) ici vingt fois et toujours vêtu de beau lin, blanc
comme la neige : un pareil sac est-il fait pour un guerrier
ou pour un gardien de pourceaux? Si je n'avais pas peur
d'aller tout nu, maintenant que je n'ai plus mes habits, je
laisserais là ton vêtement et ton Christ. »

Pillages des Normands. — Ces conversions n'étaient
pas sincères. Les Normands finirent par comprendre que
l'empire étant à peu près sans défense, ils gagneraient davantage à se faire pirates qu'à recevoir le baptême. Dès lors ils
ne cessèrent plus leurs expéditions. Ils pénétraient dans les
embouchures des fleuves, s'établissaient dans des îles et de
là ravageaient le pays voisin. Leurs ruses pour prendre les
villes sont restées célèbres. Une que l'on retrouve dans plusieurs historiens est la suivante. Quand la ville était trop bien
défendue, le chef normand se faisait tout d'un coup passer
pour mort. Des lamentations s'élevaient dans son camp, puis on
lui faisait de belles funérailles. Les habitants, attirés par les
cris et par la beauté du spectacle, accouraient en foule sans
plus s'occuper de la défense. Alors, profitant de cette négligence, des bandes de Normands attaquaient les endroits
dégarnis et pénétraient dans la ville.

Rollon. — Les Normands ne purent cependant prendre
Paris, qui fut bien défendu par le comte Eudes, fils de Robert
le Fort, et par l'évêque Gozlin. Mais ils firent de tels progrès
que Charles le Simple céda la Normandie à leur chef **Rollon.**

Résumé. — 1. Au traité de Verdun en 843, l'empire franc se
divisa en trois États : la France, l'Allemagne et l'Italie.
2. La France fut ensuite ravagée par les Normands, que Charles
le Simple finit par établir dans le pays qui a pris leur nom.

Exercices. — *Depuis quand y a-t-il une France ?— Pourquoi
l'empire de Charlemagne a-t-il si peu duré ? (Indépendamment
de la faiblesse de Louis le Débonnaire, était-il facile de faire vivre
sous les mêmes lois des peuples de mœurs différentes?) — Comparez
la fin des Carolingiens et celle des Mérovingiens.*

Questionnaire. — 1. Quelles furent les causes du démembrement de l'empire
franc ?— 2. Quels États forma cet empire au traité de Verdun ?— 3. Qu'était-ce que
les Normands ? Qui les combattit en France ? — 4. Quelle conduite tint Charles
le Simple à leur égard ? — 5. Qu'était-ce que Hugues Capet ?

LA FÉODALITÉ

1. Dans ces temps de trouble, les peuples prirent l'habitude d'obéir, non plus au roi qui n'avait aucune force, mais à des hommes puissants ou **seigneurs**, qui étaient plus près d'eux et qu'ils craignaient davantage. La France se trouva bientôt divisée en un grand nombre de petits pays, qu'on appelait **fiefs** (**féods**, d'où le nom de Féodalité donné à ce régime).

2. Le propriétaire du fief était dit **suzerain** ; ceux qui dépendaient de lui portaient le nom de **vassaux**.

3. Quelques-uns de ces vassaux, les gens du peuple ou **serfs** furent très malheureux, soumis à toutes les redevances et à toutes les corvées que leur seigneur voulait exiger d'eux.

RÉCITS

L'hommage. — Le vassal était l'**homme** du suzerain, c'est-à-dire son serviteur, et, pour marquer qu'il était toujours prêt à obéir, lui prêtait **hommage**, dans une cérémonie solennelle. Le suzerain était tenu de protéger son vassal et celui-ci devait l'assister, soit de son épée à la guerre, soit de ses conseils pour rendre la justice, soit enfin, dans certains cas déterminés, de son argent.

Le château féodal.

Le château féodal. — Le seigneur vivait dans son château ; c'était une sorte de forteresse, car, comme on se battait constamment, à cette époque, il fallait pouvoir se défendre. Aussi le château est-il d'ordinaire une construction massive, percée seulement de petites ouvertures appelées **meurtrières**, qui ne laissaient pas passer les flèches des assaillants, flanquée de tours et protégée par un rempart et un fossé plein d'eau. A l'intérieur se trouvaient des magasins de provisions (à cause des sièges fréquents) et des cachots où on jetait les prisonniers et les vassaux infidèles.

La vie du seigneur. — Le seigneur passait ses journées à la chasse ou à la guerre. Quand il restait chez lui, il se livrait à des exercices variés, tels que **tournois** (sorte de combats avec armes émoussées), ou **chevauchées** (promenades à cheval). Les jeunes gens jouaient aux barres, aux quilles, au palet et à la petite guerre. On mangeait beaucoup et longtemps. Le soir, à la veillée, le chapelain ou aumônier racontait des histoires, ou bien c'était le petit fou (ou bouffon) du seigneur qui divertissait l'assistance par ses plaisanteries. De temps à autre passaient des pèlerins, revenus de terre sainte, des jongleurs, des montreurs de singes ou des musiciens dits **ménestrels**. C'était alors grande fête. Ou bien encore on allait voir pendre quelque serf.

Le serf. — Le village où habitaient les serfs, paysans et ouvriers, était une réunion de misérables huttes, entourées de tas d'ordures où les poules et les porcs fouillaient en toute liberté. A l'intérieur, la terre battue pour plancher ; pas de cheminée, la fumée s'échappant par un trou fait dans le toit ; quelquefois pas de fenêtre. Le paysan se nourrissait d'un pain grossier, d'eau, de racines, et, dans les grands jours, d'un peu de viande salée. Il vivait très malheureux, accablé par son seigneur d'impôts et de corvées.

Les droits féodaux. — Le seigneur avait encore d'autres droits. Sous prétexte de chasse, il faisait entrer ses gens et ses chiens dans les champs cultivés sans que le serf pût s'y opposer. Ses lapins et ses pigeons se répandaient partout, dévastant les récoltes. Lui-même, lorsqu'il voyageait, se faisait loger et nourrir avec toute sa suite par ses vassaux.

Résumé. — 1. La Féodalité, ou système des fiefs, fut le gouvernement de la France après Charlemagne.

2. Il y eut alors deux classes de Français : les seigneurs qui avaient tous les droits, et les serfs dont la condition était très malheureuse.

Exercices. — *Dites ce qu'indiquait la cérémonie de l'hommage? L'hommage se marquait par le serment que prêtait le vassal d'être fidèle. Qu'est-ce qu'un serment ? Y a-t-il aujourd'hui des cas où il faut prêter serment ? — Existe-t-il encore dans notre pays des vassaux et des serfs ? — Que pensez-vous de la condition du paysan actuel comparée à celle du serf? — Faites la comparaison vous-même (au point de vue de la liberté, des charges publiques, de la vie matérielle).*

Questionnaire. — 1. D'où vient le nom de Féodalité ? Qu'était-ce que les fiefs ? — 2. Qui appelait-on suzerain, vassaux, serfs ? — 3. Quelle était la condition des serfs ?

Les Normands se faisaient baptiser pour avoir des vêtements.   Un pareil sac est-il fait pour un guerrier
ou pour un gardien de pourceaux ?

Ruse des Normands : ils simulaient des funérailles
pour attirer les habitants hors de la ville. Pendant ce temps ils attaquaient les endroits dégarnis et pénétraient dans la ville.

Eudes défend Paris
assiégé par les Normands.

Un tournoi.

Les jeunes gens jouaient aux barres, aux quilles.

Montreurs de singes et ménestrels.

Le serf et sa cabane.

Une corvée.
Les serfs coupent du bois pour le seigneur.

Droit féodal. Sous prétexte de chasse, le seigneur faisait entrer ses gens et ses chiens dans les champs cultivés.

LA CHEVALERIE

1. L'Eglise souffrait elle-même de la violence des mœurs féodales. Pour se protéger, et aussi pour soulager la misère des serfs, elle institua la **Trêve de Dieu**, qui défendait les guerres entre seigneurs plusieurs jours par semaine.

2. Elle essaya aussi de donner un aliment à l'humeur guerrière des seigneurs en les faisant soldats du Christ par la **Chevalerie**.

3. Elle leur imposa alors l'obligation de combattre à outrance les infidèles, c'est-à-dire ceux qui n'étaient pas chrétiens, et de défendre les faibles contre les violences des forts.

RÉCITS

La Chevalerie primitive. — Quand les Germains remettaient la framée et le bouclier aux jeunes gens qui devenaient hommes, ils accomplissaient une cérémonie qui a été l'origine de la Chevalerie. Il y a donc eu des chevaliers dès le début du régime féodal ; mais si l'Eglise n'a pas créé l'institution de la Chevalerie, elle l'a entièrement transformée. Le chevalier primitif est un soldat brutal qui ne respecte rien. Les vieux récits nous en montrent qui pillent des monastères et brûlent vifs les religieux.

Les chevaliers primitifs pillaient les monastères.

L'adoubement et la colée. — Aux époques lointaines, la cérémonie consistait uniquement dans la remise des armes au futur chevalier. C'était l'**adoubement**. Quand le chevalier était **adoubé**, c'est-à-dire armé, son parrain (celui qui le faisait chevalier) lui donnait la **colée**, c'est-à-dire un coup du pommeau de son épée. Le coup était quelquefois tellement fort que le jeune homme tombait par terre. Après quoi, le nouveau chevalier allait courir la **quintaine**,

c'est-à-dire abattre d'un coup de lance un mannequin disposé
en haut d'un poteau.

La colée.

La quintaine.

La Chevalerie d'après l'Eglise. — L'Eglise a changé
tout cela. Elle a fait précéder la cérémonie de la **veillée des
armes**, une nuit passée en prières, la veille du jour de la
réception. **L'adoubement** a lieu désormais après une messe
pendant laquelle le prêtre bénit l'épée du futur chevalier et
lui recommande de protéger les faibles et de garder toujours
la foi jurée. La **colée** est devenue l'**accolade**. Le parrain
frappe légèrement du plat de son épée le jeune homme, qu'il
embrasse en lui disant : « Au nom de Dieu, de saint Michel
et de Notre-Dame, je te fais chevalier. » Les cloches son-
nent alors à toute volée. On met au chevalier son casque ; son
cheval lui est amené, et il va le faire caracoler, aux acclamations de tous, en brandissant sa lance et en faisant flam-
boyer son épée. Désormais le chevalier est un « soldat de
Dieu ». Il devra être brave, loyal et bon, et ne réserver sa
haine que pour les méchants et les infidèles. Il défendra les
faibles de tout son pouvoir et surtout gardera son serment.

Résumé. — 1. L'Eglise est venue en aide aux pauvres gens
pendant l'époque féodale.

2. Elle a diminué les guerres, si fréquentes alors, en instituant
la Trève de Dieu et la Chevalerie.

Exercices. — *Pourquoi l'Eglise avait-elle, elle-même, à souffrir des violences de la société féodale ? — Montrez comment, en
instituant la Chevalerie, elle employait pour le bien des faibles
les pires instincts des hommes de ce temps.*

Questionnaire. — 1. Quelle institution l'Eglise a-t-elle créée en faveur des
serfs ? Qu'appelle-t-on la Trève de Dieu ? — 2. Comment l'Eglise transforma-t-elle
les mœurs des seigneurs ? — 3. Quelles sont les obligations des chevaliers ?

LES QUATRE PREMIERS CAPÉTIENS

1. Hugues Capet devenu roi en 987, par l'appui de l'Eglise, ne put faire reconnaître son autorité par les seigneurs féodaux.

2. Ses successeurs, **Robert le Pieux**, **Henri I**er et **Philippe I**er, furent aussi des princes faibles et peu respectés.

3. Sous le règne de Philippe, le duc de Normandie, **Guillaume le Conquérant**, s'empara en 1066 de l'Angleterre.

4. Il devint dès lors plus puissant que son suzerain, le roi de France.

RÉCITS

La charité du roi Robert. — Le roi Robert est resté célèbre par sa clémence et sa charité. Il pardonnait à ses ennemis en un temps qui ne savait guère pratiquer l'oubli des injures, et il éprouvait un véritable bonheur à se dépouiller pour les pauvres. Un jour que, revenant de l'église, il avait trouvé sa lance garnie d'ornements d'argent par les soins de sa femme, qui était très vaniteuse, il regarda autour de lui pour voir s'il n'apercevrait pas quelque malheureux à qui cet argent pourrait servir. Ayant avisé un mendiant, il lui demanda un outil. A eux deux alors, ils enlevèrent l'argent de la lance et Robert le mit de force dans le sac du pauvre.

Robert sert à genoux du pain à 300 pauvres.

Douceur et humilité du roi Robert. — Une autre fois, tandis qu'il était en prière à l'église, il sentit qu'on lui coupait la frange de son manteau. Déjà la moitié avait été enlevée. Il se borna à dire doucement au voleur: « Retire-toi; ce que tu as pris te suffira, et le reste peut être nécessaire à quelque autre. » Le voleur, qui tremblait de tous ses membres, se retira confus de tant de bonté. On dit aussi que, dans chacune des villes où le roi allait, il distribuait généreusement les aumônes. Le jour du vendredi saint, « il assemblait au moins trois cents pauvres, et lui-même, à la troisième heure du jour, servait à genoux, de sa main, des légumes, des poissons, du pain à chacun d'eux. »

Robert excommunié. — La piété et la charité du roi Robert ne l'empêchèrent pas d'être excommunié, pour avoir épousé une de ses parentes à un degré défendu par l'Eglise. On appelait **excommunication** une sentence ecclésiastique par laquelle celui qui en était atteint cessait désormais de faire partie de l'Eglise. Défense lui était faite d'entrer dans une église ou de s'approcher des sacrements. Cette peine était considérée comme terrible. Dès que le roi et la reine en furent frappés, tous leurs serviteurs s'écartèrent d'eux, comme s'ils avaient eu la peste. Deux seulement continuèrent à les servir. Encore prenaient-ils soin de purifier par le feu tous les objets auxquels les deux souverains avaient touché. Robert dut renvoyer sa femme, et alors seulement fut levée l'excommunication qui pesait sur lui.

La légende de l'an mille. — Les historiens rapportent qu'une prophétie avait cours, annonçant pour l'an mille la fin du monde, et que, à l'approche de cette date, les pécheurs les plus endurcis firent pénitence, donnèrent tous leurs biens aux églises, puis, le terme passé, reprirent confiance et se conduisirent aussi mal qu'auparavant. Rien ne prouve que les contemporains du roi Robert aient eu vraiment cette terreur de la fin du monde.

Résumé. — 1. Les premiers Capétiens, Hugues Capet, Robert, Henri, Philippe Ier furent des princes sans force.

2. La conquête de l'Angleterre rendit leurs vassaux, les ducs de Normandie, plus puissants qu'eux.

Exercices. — *Pourquoi les premiers Capétiens furent-ils si faibles ? (Ils n'étaient pas plus riches que les autres seigneurs et avaient été élus par eux, ce qui fait que ceux-ci ne voulaient pas leur obéir.) Trouvez en quoi la conquête de l'Angleterre rendit le duc de Normandie plus puissant que le roi de France.*

Questionnaire. — 1. Qui devint roi en 987 ? — 2. Quels furent les premiers successeurs de Hugues Capet ? Eurent-ils beaucoup de pouvoir ? — 3. Quel prince s'empara de l'Angleterre sous le règne de Philippe Ier ? En quelle année ? — 4. Quel fut le résultat de cette conquête ?

LA PREMIÈRE CROISADE

1. Sous le règne de Philippe Ier eut lieu la première croisade, expédition entreprise pour délivrer le saint Sépulcre ou tombeau du Christ. Cette croisade fut prêchée en 1095 par le pape **Urbain II** et le moine **Pierre l'Hermite.**

2. Un grand nombre de seigneurs et de gens du peuple partirent, après avoir mis en signe de ralliement une croix de drap rouge sur leur vêtement, d'où le nom de croisade.

3. Conduits par **Godefroy de Bouillon**, ils s'emparèrent de Jérusalem en 1099, et fondèrent avec cette ville pour capitale un royaume chrétien.

RÉCITS

Les pèlerinages. — De tout temps il y avait eu des pèlerinages à Jérusalem. Les pèlerins, maltraités par les maîtres du pays, racontaient, à leur retour en Europe, les vexations qu'on leur avait fait subir, et ils excitaient ainsi l'indignation générale. Le pape Urbain II eut alors l'idée de pousser les peuples d'Europe à délivrer les lieux saints.

La croisade prêchée à Clermont. — C'est à Clermont, en France, qu'il prêcha l'expédition contre les infidèles. Il raconta ce que les chrétiens souffraient en Orient, et il ordonna à ceux qui voulaient partir de coudre sur leurs tuniques, en signe de leur engagement, une petite pièce d'étoffe coupée en forme de croix. Des cris unanimes de « Dieu le veut ! » accueillirent ses paroles et la croisade fut décidée.

La voie de Dieu. — Cette expédition, qu'on appelait *la voie* (le chemin) de Dieu, souleva un enthousiasme universel. On vit accourir des hommes de tous les pays, dont souvent on ne comprenait pas la langue, et qui étaient réduits à s'exprimer par signes. Alors, disent les vieux récits, ils mettaient les doigts l'un sur l'autre en forme de croix, montrant ainsi qu'ils voulaient aller à la croisade. Tout le monde d'ailleurs désirait partir. « Les marchands se débarrassaient à vil

Notes explicatives. — **Clermont** (Puy-de-Dôme). — **Godefroy de Bouillon** était un seigneur de la Lorraine, pays situé entre la Meuse et le Rhin. — **Jérusalem**, ville d'Asie, dans la Palestine.

prix de leurs marchandises pour être prêts plus vite. On vit ainsi sept brebis vendues sur le marché pour cinq deniers. Les pauvres ferraient leurs bœufs comme des chevaux, mettaient sur un chariot quelques provisions et leurs petits enfants, et ceux-ci, à chaque ville qu'on voyait, tendant leurs petites mains, demandaient si ce n'était pas là Jérusalem. »

Pierre l'Hermite. — Le pape Urbain fut aidé dans la prédication par le moine Pierre l'Hermite, dont on a d'ailleurs fort exagéré le rôle. C'était un homme éloquent, de petite taille, maigre, brun, toujours vêtu d'une robe de laine, sans chausses ni chaussures. « Il allait, monté sur un âne dont la foule idolâtre arrachait les poils pour s'en faire des reliques. Il menait une vie austère, ne mangeant ni pain ni viande. » A sa voix les pauvres se levaient et le suivaient. Ils formèrent un premier corps d'expédition ; mais, mal armés, et obligés de piller pour vivre, ils furent exterminés par les habitants des pays qu'ils traversaient.

Pierre l'Hermite
prêche la première croisade.

La prise de Jérusalem. — Après bien des souffrances, les croisés s'emparèrent enfin de Jérusalem au cri de « Dieu le veut » ! le 15 juillet 1099. Ils souillèrent leur victoire par d'atroces cruautés, marchant dans les rues de la ville avec, dit-on, du sang jusqu'aux genoux.

Résumé. — 1. La première croisade fut prêchée en 1095 par le pape Urbain II et le moine Pierre l'Hermite.

2. Elle aboutit à la prise de Jérusalem, qui devint la capitale d'un royaume chrétien.

Exercices. — *Quelle a été la véritable cause de la première croisade ? Pourquoi une croisade ne serait-elle pas possible aujourd'hui ? (plus de haine contre l'infidèle, c'est-à-dire contre ceux qui ne croient pas comme nous ; sentiment nouveau : la tolérance religieuse).*

Questionnaire. — 1. Quand eut lieu la première croisade ? Où et par qui fut-elle prêchée ? — 2. D'où vient ce nom de croisade ? — 3. Quel fut le principal chef des croisés ? Quel fut le résultat de la première croisade ?

Chevalerie.
La veillée d'armes.

Chevalerie.
L'accolade.

Chevalerie.
Chevalier armé.

La première croisade.
Les pauvres en marche : à chaque
ville qu'on voyait les enfants demandaient si ce n'était pas là Jérusalem.

Vue de Jérusalem.
Le Saint-Sépulcre est à droite
de la gravure.

Intérieur du Saint-Sépulcre.

Légende
(1096) Pierre l'Ermite et God. de Bouillon
(1147) Louis VII
(1189) Ph. Auguste
(1190) Richard Cœr de Lion
(1202) Boniface de Mont.t et Baudouin
(1225) Frédéric II
(1248) St Louis
(1270) 7.b
CARTE DES CROISADES
O. Lepage, del.t
Islande
ANGLETERRE
Londres
OCÉAN ATLANTIQUE
PRUSSE
Hambourg
Brême
Magdebourg
Elbe
Meuse
EMPIRE
R.e DE POLOGNE
Vistule
Dniester
RUSSIE
PARIS
Metz
Spire
Ratisbonne
Rhin
Danube
Loire
Venexay
Vienne
Buda-Pest
HONGRIE
Poitiers
GERMANIQUE
Clermont
Lyon
Venise
Gênes
Trieste
Belgrade
Danube
MER NOIRE
BULGARIE
Zara
Trébizonde
Aigues-Mortes
Marseille
R.e DE
ADRIATIQUE
Durazzo
EMP. GREC
Constantinople
Nicée
ESPAGNE
Ebre
Saragosse
Corse
ITALIE
Rome
ASIE MINEURE
Dorylée
Césarée
Lisbonne
Tage
Valence
Cordoue
Sardaigne
Brindisi
MER TYRRHÉNIENNE
Palerme
MER IONIENNE
Attalia
Chypre
Limassol
ANTIOCHE
PALESTINE
Damas
MER MÉDITERRANÉE
Sicile
Grèce
Candie
St Jean d'Acre
TUNIS
Malte
JÉRUSALEM
AFRIQUE
P.te Syrie
Tripoli
B.e de Syrte
Damiette
Mansourah
le Caire

1. L'empire franc, trop vaste pour le pouvoir d'un seul homme, fut divisé par le traité de Verdun (en 843) en trois Etats, la France, l'Allemagne et l'Italie.

2. A la même époque des peuples du Nord, les Normands, s'établirent en France.

3. Les rois carolingiens, trop faibles pour défendre leurs peuples, furent remplacés par les Capétiens.

4. C'est vers ce temps que s'établit la Féodalité. Chaque pays se divise en petits groupes appelés fiefs dont les possesseurs se font constamment la guerre.

5. L'Eglise adoucit le sort des pauvres gens par l'institution de la Trêve de Dieu et de la chevalerie.

6. L'expédition la plus célèbre des temps féodaux fut la première croisade qui, prêchée par le pape Urbain II, aboutit à la fondation du royaume chrétien de Jérusalem (1099).

7. Un autre grand événement se produisit en Europe au xe siècle ; la conquête de l'Angleterre par le duc de Normandie, qui devient dès lors plus puissant que son suzerain, le roi de France. Cette conquête devait être le point de départ de longues luttes entre la France et l'Angleterre.

TABLEAU RÉCAPITULATIF

Démembrement de l'Empire franc	Traité de Verdun (843). Les Normands. Avènement de Hugues Capet.
Féodalité	Fiefs ; suzerains et vassaux. La Trêve de Dieu et la Chevalerie.
Les premiers Capétiens et les grandes entreprises féodales	Conquête de l'Angleterre par le duc de Normandie (1066). La première croisade : Urbain II et Pierre l'Ermite ; Godefroy de Bouillon ; fondation du royaume de Jérusalem (1099).

TROISIÈME PÉRIODE

*Tentative d'Affranchissement
des Classes populaires
et destruction progressive
de la Féodalité par la Royauté*

O.Lepage, del.

LES COMMUNES

1. Les gens du peuple, très malheureux, se groupèrent dans les villes vers le XIe siècle pour obtenir de leurs seigneurs, à prix d'argent ou par la force, un acte écrit nommé **charte**, limitant les redevances et les corvées qu'on pouvait exiger d'eux.

2. Les villes ainsi affranchies furent appelées **communes**. Elles s'administraient elles-mêmes, avaient des tribunaux à elles pour rendre la justice, levaient sur leur propre territoire des soldats chargés de les défendre.

3. Les rois capétiens leur furent souvent hostiles et les supprimèrent quand ils le purent.

RÉCITS

Révolte des paysans. — La misère des serfs était très grande. En 997, ceux de Normandie se révoltèrent, réclamant le droit de vivre libres. Ils n'avaient pour armes que des massues et des épieux. Les seigneurs, armés de fer, triomphèrent facilement, et ils firent subir aux malheureux toutes sortes de supplices. Ils les brûlaient à petit feu après les avoir arrosés de plomb fondu, les empalaient ou les renvoyaient les yeux crevés, les poings et les jarrets coupés.

Lutte dans les villes. — Les ouvriers des villes furent plus heureux. Habitués à manier de lourds outils, ils pouvaient se défendre sans trop de désavantage contre les seigneurs dans les rues étroites de leurs villes. Ils en profitèrent pour se faire donner des chartes de communes.

La commune de Laon. — Le plus souvent ils eurent recours à la violence, ainsi qu'on peut le voir par l'histoire de la commune de Laon. L'évêque de cette ville, Gaudry, avait, moyennant une forte somme d'or, consenti à laisser les habitants se constituer en commune. Quand les sommes qui lui avaient été versées furent dissipées, il regretta de ne plus pouvoir taxer les bourgeois à sa guise comme autrefois, et il se fit autoriser par le roi à supprimer la commune.

Notes explicatives. — Epieu, bâton pointu garni d'un bout de fer. — **Empaler,** traverser le corps de bas en haut avec un pal ou pieu aiguisé. — **Sceau,** cachet qui porte des emblèmes gravés en creux qu'on reproduit ensuite en relief avec de la cire. — **Beffroi,** tour avec une cloche pour donner l'alarme. — **Laon,** dép. de l'Aisne.

Révolte des habitants de Laon. — Aussitôt le peuple prend les armes en criant : « Commune, commune ! » et attaque le palais épiscopal. Gaudry, voyant toute défense impossible, se réfugie dans une cave et se cache dans un tonneau. Dénoncé par un de ses serviteurs, il est découvert et arraché de sa cachette. Il a beau promettre tous ses trésors aux révoltés. Un d'eux lui fait sauter la cervelle d'un coup de hache, un autre lui casse la figure, quelques-uns lui brisent les os des jambes. Son cadavre est ensuite dépouillé de vêtements, jeté dans un coin, couvert de terre, de pierres et de boue. Les révoltés mettent alors le feu dans les maisons des partisans de l'évêque et l'incendie gagne la cathédrale. Le roi, prévenu, marcha contre la ville et envoya les plus compromis au supplice.

La commune. — La commune était d'ordinaire administrée par un corps de ville comprenant le **maire** et des **échevins** (aujourd'hui nous disons adjoints). Elle avait un **sceau** pour sceller ses actes, une **caisse** où elle déposait son argent, un **beffroi** avec une cloche pour appeler les bourgeois

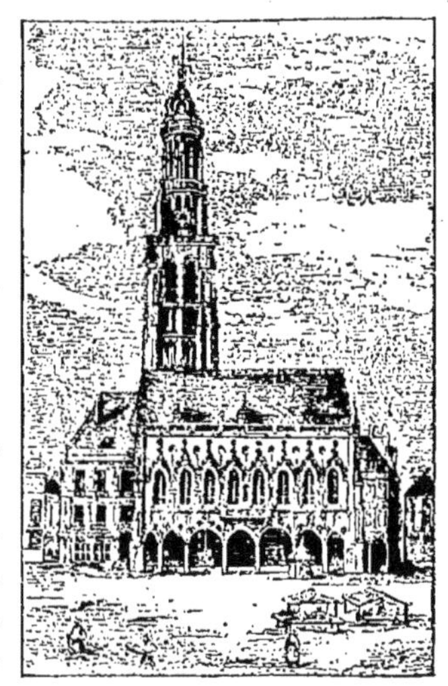

Hôtel de ville et Beffroi.

aux armes, un **hôtel de ville** où se réunissait le corps de ville. Les bourgeois eux-mêmes faisaient la police, rendaient la justice, défendant la ville en cas de siège. La commune pouvait ainsi résister aux entreprises des seigneurs.

Résumé. — 1. Vers le XIe siècle furent instituées les communes, villes qui s'administraient elles-mêmes.

2. Les rois capétiens, craignant de les voir devenir trop puissantes, finirent par les supprimer.

Exercices. — *La commune que vous habitez ressemble-t-elle aux communes d'autrefois ? S'il y a des différences, indiquez-les. La commune s'administre-t-elle elle-même, rend-elle la justice, est-elle chargée de se défendre contre l'ennemi ?*

Questionnaire. — 1. Qu'appelle-t-on une charte ? — 2. Qu'était-ce qu'une commune ? — Quels étaient les droits des communes ? — 3. Pourquoi cette institution ne dura-t-elle pas ?

PROGRÈS DE L'AUTORITÉ ROYALE
LA 2ᵉ CROISADE

1. Louis VI, aidé par un excellent ministre, Suger, essaya d'empêcher les brigandages des seigneurs féodaux et il rétablit l'ordre dans ses domaines.

2. Son fils, **Louis VII**, au lieu de continuer cette œuvre si utile, comme le lui conseillait **Suger**, alla faire en Orient une croisade, qui ne réussit pas.

3. A son retour il se sépara de sa femme, Eléonore d'Aquitaine, qui lui avait apporté en dot les riches provinces du midi de la France. Cette princesse épousa alors le roi d'Angleterre, Henri, dont la puissance fut doublée du coup, au grand détriment de la France.

RÉCITS

Louis VI. — Louis VI, fils de Philippe Iᵉʳ, était un homme de haute taille et de forte corpulence, ce qui l'a fait appeler Louis le Gros. Cette tendance à l'embonpoint était entretenue par un formidable appétit, et un historien du temps lui reproche « d'avoir fait un dieu de son ventre et d'avoir tellement dévoré que la graisse l'a perdu ». Aussi, dès l'âge de quarante-six ans, ne pouvait-il plus monter à cheval. On dit encore qu'il aimait trop l'argent. Néanmoins ce fut un grand prince et un honnête homme. Il était simple, doux, toujours fidèle à la parole jurée, et très vaillant.

Suger et Louis VI.

Suger. — Suger, abbé de Saint-Denis, simple enfant du peuple, arriva au premier rang par son travail. Tout petit, chétif, maigre, de santé faible, il avait le cœur ferme, l'esprit vif, une mémoire extraordinaire. Il fut un sage ministre et un bon Français.

Louis VI devant le château du Puiset. — Hugues, comte du Puiset, avait fait de son château une vraie caverne de voleurs. Louis VI marcha contre lui, voulant prouver que « les rois ont les mains longues ». Le siège fut difficile. Les soldats, accablés par une grêle de pieux, de poutres et de pierres, faiblissaient, lorsqu'un prêtre leur rendit courage. Ce prêtre, venu avec des milices communales, se précipite seul, nu-tête et en se protégeant simplement par une mauvaise planche. Il arrive jusqu'à la palissade et l'arrache pièce à pièce, puis fait signe aux soldats de venir à son aide. Ceux-ci, honteux de voir cet homme sans armes détruire à lui seul ces barrières qui les tenaient en échec, accourent et, en quelques instants, le château est pris. L'ordre régna désormais dans le domaine royal.

Saint Bernard prêchant la 2ᵉ croisade. — Le royaume de Jérusalem était attaqué par les infidèles. Pour le délivrer, le pape fit prêcher une croisade par Bernard, abbé de Clairvaux, très saint homme, doué d'une grande éloquence. Le peuple fut convoqué à Vézelay. L'abbé y parla du haut d'une estrade construite en plein air, car la foule était si grande qu'on n'avait pu trouver aucune salle assez vaste pour la contenir. Le roi, qui avait pris la croix par remords d'avoir, dans une guerre, brûlé l'église de Vitry, se plaça sur l'estrade à côté de saint Bernard. Celui-ci parla si bien que les assistants enthousiasmés demandèrent tous : *des croix ! des croix !* Aussi, bien qu'on eût préparé des croix en grand nombre, il n'y en eut pas assez pour tout le monde. Saint Bernard fut obligé de couper ses propres vêtements pour en faire d'autres qu'on distribua également.

Résumé. — 1. Louis VI et son ministre Suger administrèrent sagement le royaume.

2. Louis VII prit part à la deuxième croisade prêchée par saint Bernard.

3. A son retour il renvoya sa femme, Eléonore d'Aquitaine, qui épousa alors le roi d'Angleterre.

Exercices. — *Montrez comment Louis VI, en faisant régner l'ordre dans ses domaines, fit faire un grand progrès à la royauté capétienne. — Comment vous expliquez-vous l'échec de la 2ᵉ croisade, et pourquoi Suger, qui était pourtant homme d'Église, mais qui songeait avant tout à l'intérêt de la France, dissuada-t-il Louis VII d'entreprendre cette expédition ?*

Questionnaire. — 1. Quel fut le ministre de Louis VI ? Quel service Louis VI rendit-il à la France ? — 2. Quelle expédition lointaine entreprit Louis VII ? — 3. Quel fut le résultat de son divorce avec Eléonore d'Aquitaine et du second mariage de cette princesse ?

PHILIPPE-AUGUSTE (1180-1223)

1. Philippe-Auguste, fils de Louis VII, fit la troisième croisade, de concert avec le roi d'Angleterre, **Richard Cœur-de-Lion.**

2. Les deux rois ne purent, malgré leurs victoires, délivrer Jérusalem, qui avait été reprise par les infidèles. Ils se brouillèrent même pendant leur expédition et se firent la guerre.

3. En 1214, le successeur de Richard, **Jean Sans-Terre**, forma contre Philippe, avec des seigneurs français révoltés, une ligue dans laquelle entra l'empereur d'Allemagne, Otton IV. Mais le roi de France fut vainqueur de ce prince à **Bouvines.**

4. Philippe administra sagement ses Etats. Il embellit Paris et créa l'**Université** de cette ville.

RÉCITS

La bataille de Bouvines. — Philippe-Auguste, attaqué par l'empereur Otton, établit son camp à Bouvines. Un peu fatigué d'une longue marche, il dormait sous un frêne quand on lui annonça l'approche des ennemis. « Avec une joie aussi vive que si on l'eût appelé à une noce, il sauta sur son cheval », puis il se plaça au premier rang de ses soldats. Il avait rangé son armée de façon qu'elle eût le soleil dans le dos, pendant que les ennemis l'avaient en pleine figure. Dès le début de l'action, les chevaliers français poussèrent vivement leurs adversaires; mais quelques soldats allemands, ayant passé entre leurs rangs, entourèrent le roi et, avec des crochets, le jetèrent à bas de son cheval. Puis ils cherchèrent, à travers son armure de fer, quelque ouverture pour le tuer, mais ils n'en trouvèrent pas. Bientôt Philippe fut dégagé et remonta à cheval. A son tour Otton faillit être pris. Un Français d'une taille gigantesque, Guillaume des Barres, l'avait saisi par le casque, mais son cheval ayant été tué, il dut lâcher prise, et l'empereur s'enfuit, abandonnant ses armes et son étendard. Le comte de Flandre, Ferrand, fut emmené prisonnier, ce qui faisait dire au peuple : « Ferrand est bien

---

Notes explicatives. — Bouvines, dép. du Nord. — Flandre, province au Nord de la France. — Le guet, la police. — Halles, marché couvert.

ferré », par allusion à ses fers. La victoire de Bouvines fut accueillie avec une grande joie par toute la France.

Les Halles de Paris. — Paris n'était pas pavé. Un jour que le roi était à une fenêtre, des charrettes qui passaient remuèrent la boue, et il s'en dégagea une si mauvaise odeur que Philippe se retira « en grande abomination de cœur ». Il résolut dès lors de faire paver sa ville ; puis il entoura de murs le cimetière des Innocents, jusque-là ouvert de tous côtés et où on avait même installé des marchés publics. Il ordonna d'élever une enceinte de terre tout autour de Paris, fit commencer l'église Notre-Dame, et construisit les premières **Halles**.

Les écoliers de l'Université. — L'Université de Paris donnait l'enseignement à de nombreux étudiants dont certains, si on en croit les contemporains, faisaient plus de bruit que de besogne. On les « voyait querir (chercher) vin à

Bourgeois et étudiants.

quatre et six, et la science était moins étudiée que le vin du tavernier. » Aussi les rixes étaient-elles fréquentes. Un jour les bourgeois attaquèrent ces jeunes gens et en tuèrent vingt-deux. Philippe-Auguste donna alors à l'Université des privilèges particuliers. Les bourgeois furent punis et il fut décidé que les étudiants ne pourraient être jugés par les tribunaux ordinaires. Ils profitèrent plus d'une fois de ce droit pour rosser le guet. Les études néanmoins étaient bonnes et l'Université devint promptement célèbre.

Résumé. — 1. Philippe-Auguste fit la troisième croisade, de concert avec le roi d'Angleterre Richard Cœur-de-Lion.

2. Il remporta en 1214 la grande victoire de Bouvines sur l'empereur d'Allemagne Otton IV.

Exercices. —*Pourquoi a-t-on fait remarquer que la victoire de Bouvines fut bien accueillie par toute la France ? Cela paraît bien naturel pourtant (commencement de ce qu'on appelle le patriotisme ; jusque-là simplement amour de la ville ou de la province).*

Questionnaire. — 1. Qu'était-ce que Philippe-Auguste ? Avec qui fit-il la troisième croisade ? — 2. Quel fut le résultat de cette expédition ? — 3. Contre quelle ligue Philippe-Auguste dut-il lutter ? Où fut-il vainqueur et en quelle année ? — 4. Quelle ville embellit-il et quel grand corps savant a-t-il fondé ?

QUATRIÈME CROISADE ET CROISADE DES ALBIGEOIS. RÉGENCE DE BLANCHE DE CASTILLE

1. Pendant le règne de Philippe-Auguste eurent lieu la quatrième croisade et la croisade des Albigeois.

2. La quatrième croisade eut pour résultat la prise de Constantinople ; la croisade des Albigeois fut dirigée contre les populations du Midi de la France, qui étaient hérétiques.

3. **Louis VIII**, fils et successeur de Philippe-Auguste, y prit part. Ce prince fit aussi la guerre aux Anglais et leur enleva leurs possessions d'Aquitaine.

4. A sa mort, en 1326, comme il ne laissait que des enfants en bas âge, le régence fut exercée par sa veuve, **Blanche de Castille.**

RÉCITS

La quatrième croisade. — Les seigneurs de tous les pays d'Europe, désireux de délivrer Jérusalem, voulurent acheter des vaisseaux aux Vénitiens pour les transporter en Orient. Mais leurs ressources n'étaient pas suffisantes. Ils renoncèrent à leur projet et firent voile vers Constantinople, où les appelait un empereur grec qui venait d'être chassé de son trône. Ils prirent cette ville et la gardèrent pour eux (1204). Mais leur domination ne dura guère plus d'un demi-siècle.

La croisade des Albigeois. — Dans le Midi de la France, l'Eglise n'était pas aimée. Ainsi on raconte que les prêtres cachaient leur tonsure pour ne pas être insultés dans les rues. Les habitants, en effet, étaient hérétiques. On les appelait Albigeois, de la ville d'Albi où l'hérésie s'était surtout développée. Le pape Innocent III envoya au comte de Toulouse, Raymond VI, pour le rappeler à la foi, un légat qui fut assassiné par quelques vassaux de ce seigneur. Indigné, il prêcha une croisade contre les Albigeois, et les gens du Nord, conduits par Simon de Montfort, se ruèrent sur le

Notes explicatives. — Constantinople, aujourd'hui capitale de la Turquie. — **Albi**, Tarn. — **Vénitiens : Venise**, ville d'Italie sur les bords de l'Adriatique, était à cette époque une république puissante par son commerce et par sa marine. — **Hérétique**, qui soutient des opinions condamnées par l'Eglise catholique. — **Légat**, envoyé du pape. — **Béziers**, Hérault. — **Lavaur**, Tarn. **Toulouse**, Haute-Garonne. — **Régence**, gouvernement établi pendant la minorité d'un roi.

Midi, désireux surtout de piller des provinces qu'ils savaient très riches. Des scènes abominables se produisirent. A Béziers, toute la population fut massacrée ; à Lavaur, on jeta dans un puits la châtelaine, qui fut ensuite écrasée à coups de pierres. Simon de Montfort s'empara du comté de Toulouse ; mais, à sa mort, le comte Raymond reprit ses Etats. Cette guerre profita à la royauté capétienne, car le comte de Toulouse dut marier sa fille à un fils de Louis VIII, et ce mariage prépara la réunion de son comté au domaine royal.

Blanche de Castille
et Louis IX.

Blanche de Castille et son fils. — Blanche de Castille fut une mère admirable. Pleine de courage, elle lutta contre les barons, qui voulaient profiter de la jeunesse de son fils, et elle les réduisit à l'obéissance. Puis elle se plut à orner le jeune roi de toutes les vertus, lui inspirant l'horreur du mal et l'entourant de maîtres éclairés. Louis IX profita de ses enseignements. Il aimait beaucoup sa mère, et quand elle mourut, « il en mena si grand deuil que de deux jours on ne put lui parler ». A la vue de son fidèle compagnon Joinville, il ne put que lui tendre les bras en jetant ce cri de douleur : « Ah ! sénéchal, j'ai perdu ma mère. » — Blanche de Castille est restée à juste titre le modèle des reines et des mères.

Résumé. — 1. La quatrième croisade eut pour résultat la prise de Constantinople par les chrétiens.

2. La croisade des Albigeois ruina les pays du Midi de la France.

Exercices. — *Petit problème de morale : Que pensez-vous de la croisade des Albigeois ? — Était-ce une raison parce que les Albigeois étaient hérétiques pour déchaîner contre eux et leur pays une terrible invasion ? Comment vous expliquez-vous que la royauté capétienne ait seule profité de cette croisade ? (Elle était seule assez forte pour imposer la paix à ces provinces si troublées et elle s'est fait payer ce service.)*

Questionnaire. — 1. Quelles croisades eurent lieu pendant le règne de Philippe-Auguste ? — 2. Quel fut le résultat de la quatrième croisade ? Contre qui fut dirigée la croisade des Albigeois ? — 3. A qui Louis VIII fit-il la guerre ? — 4. Par qui la régence fut-elle exercée à sa mort ?

Les communes.
Révolte de paysans.

Les communes.
Révolte dans une ville.

Les communes.
Meurtre de Gaudry, évêque de Laon.

Louis VI : l'Affaire du Puiset.

Saint Bernard prêche la deuxième croisade.

Philippe-Auguste
dormait sous un frêne au camp
de Bouvines.

Philippe-Auguste à Bouvines.
Il est jeté à bas de son cheval
par des soldats allemands.

Le peuple s'écriait :
« Ferrand est bien ferré. »

Croisade des Albigeois.
Assassinat du légat.

Croisade des Albigeois.
Massacre de Béziers.

Croisade des Albigeois.
A Lavaur, la châtelaine est jetée
dans un puits.

LOUIS IX (1226-1270)

1. **Louis IX**, plus connu sous le nom de **saint Louis**, vainquit d'abord les Anglais à **Saintes**, puis il fit la septième croisade, dirigée contre l'Egypte.

2. Mais, après la **prise de Damiette** et la **victoire de la Mansourah**, il éprouva des échecs, fut fait prisonnier et dut se racheter à prix d'argent.

3. Revenu en France, il gouverna sagement son royaume, força les seigneurs féodaux à ne plus se faire la guerre et mit tous ses soins à bien rendre la justice.

4. Il alla ensuite faire une nouvelle croisade (la huitième) contre **Tunis**. Mais il mourut de la peste devant cette ville en 1270.

RÉCITS

Charité de saint Louis. — Saint Louis est resté célèbre par sa piété et sa charité. Il demandait un jour à son fidèle compagnon Joinville s'il lavait les pieds aux pauvres le jeudi saint : « Sire, répondit vivement Joinville, non vraiment. Je ne laverai jamais les pieds de ces vilains. » De quoi le roi se fâcha et pria son compagnon de le faire désormais pour l'amour de lui. Lui-même alla une fois trouver un lépreux, se mit à genoux devant lui et le servit de ses propres mains, malgré l'horreur qu'inspiraient les plaies du malheureux. Il visitait souvent les malades, au grand étonnement de ses chevaliers, incapables de comprendre une si ardente charité.

Justice de saint Louis. — Saint Louis était très juste. Il força son frère, Charles d'Anjou, à restituer une terre que ce prince avait prise de force à un pauvre homme qui ne voulait pas la vendre. Une autre fois, il condamna à une forte amende le sire de Couci pour avoir fait mettre à mort des

---

Notes explicatives. — **Saintes** (Charente-Inférieure). — **Septième croisade.** On dit septième, parce que depuis la quatrième croisade, il y en avait eu deux autres, la cinquième et la sixième, à laquelle ni les rois de France ni les seigneurs n'avaient pris part. — **Damiette, la Mansourah,** près d'une des embouchures du Nil, en Egypte. — **Tunis,** Afrique du Nord, près de la Méditerranée. — **Anjou,** province française au nord de la Loire. — **Couci,** Aisne. — **Lépreux :** qui a la lèpre, maladie très contagieuse caractérisée par la présence de taches hideuses et d'écailles sur la peau. — **Rançon,** somme qu'un prisonnier doit payer pour sa délivrance.

braconniers. Joinville le représente comme aimant à rendre la justice dans le bois de Vincennes sous un chêne. Là le bon roi écoutait les pauvres gens qui se pressaient en foule autour de lui et, quand ils avaient droit, leur faisait donner raison.

Captivité de saint Louis. — Pendant sa captivité en Egypte, saint Louis fut admirable de résignation et de courage. Menacé de la torture, il résista aux ennemis qui voulaient exiger de lui l'abandon des châteaux appartenant aux barons du pays. Il les força à se contenter d'une rançon. Des difficultés s'étant élevées au dernier moment, on le menaça de lui couper la tête : « Il répondit qu'ils en pouvaient faire à leur volonté, car il aimait mieux mourir en bon chrétien que de vivre dans le courroux de

Saint Louis en captivité résiste à ses ennemis.

Dieu et de sa mère ». Cette fermeté imposa tellement aux ennemis que quelques-uns voulaient le prendre pour leur roi.

Mort de saint Louis. — Quand saint Louis, malade de la peste, sentit approcher la mort, il fit venir son fils, lui recommanda d'aimer et de bien gouverner le peuple. Après quoi « il se coucha sur un lit tout couvert de cendres et y rendit l'âme », disant paisiblement : « Père, je remets mon esprit en ta garde. » Son corps fut ramené pour être enseveli, selon son désir, dans l'église de Saint-Denis.

Résumé. — 1. Saint Louis vainquit les Anglais et gouverna bien son royaume.

2. Il fit sans succès la septième croisade en Egypte et la huitième contre Tunis. C'est devant cette ville qu'il mourut en 1270.

Exercices. — *En quoi les vertus de saint Louis ont-elles pu contribuer aux progrès de la royauté capétienne ? (Il a fait aimer cette royauté.) Les croisades de saint Louis furent-elles bien utiles à la France ?*

Questionnaire. — 1. Où Louis IX vainquit-il les Anglais ? — 2. Dans quel pays eut lieu la septième croisade ? Quel en fut le résultat ? — 3. Comment Louis IX administra-t-il ses Etats ? — 5. Où mourut-il ?

LES DERNIERS CAPÉTIENS DIRECTS

1. Après saint Louis régnèrent son fils Philippe le Hardi, son petit-fils Philippe IV le Bel, et les trois fils de ce dernier prince, Louis X, Philippe V, Charles IV.

2. Le plus remarquable de ces rois fut **Philippe IV le Bel** (1285-1314). Il fit d'abord la guerre aux Flamands.

3. Il entra ensuite en lutte avec le pape **Boniface VIII**, qui prétendait être le maître des rois, et le contraignit à renoncer à ses prétentions.

4. Il supprima l'ordre religieux des **Templiers**, convoqua les premiers **Etats généraux**, composés des représentants de la nation (1302), et établit un tribunal célèbre, le **Parlement**.

5. Il avait été aidé, dans l'administration de son royaume, par les **légistes**, ou hommes versés dans la science des lois.

RÉCITS

Bataille de Courtray. — Dans la guerre de Flandre, les chevaliers français, braves mais indisciplinés et ignorants, subirent d'abord un vrai désastre. Il y a, dans ce pays de Flandre, beaucoup de canaux et de fossés pleins d'eau. Auprès de Courtray, où devait avoir lieu la bataille, un de ces canaux fut dissimulé sous des branchages. Les Français arrivent, puis, sans reconnaître le terrain, se lancent avec impétuosité et vont donner tout droit dans le canal. Ils sont culbutés, écrasés sous le poids de leurs chevaux ; les ennemis peuvent les tuer sans danger, à coups de lance ou de massue (1302). Les Flamands furent néanmoins soumis.

Les Etats généraux de 1302. — Au plus fort de sa lutte avec Boniface VIII, Philippe voulut avoir les conseils et l'appui de son peuple. Il convoqua une assemblée des représentants des trois ordres de la société (clergé, noblesse, tiers état ; seuls les habitants des campagnes n'y furent pas conviés). C'est ce que l'on appelle les premiers **Etats géné-**

Notes explicatives. — **Courtray**, Belgique — **Tiers état**, c'est-à-dire troisième état (ou classe) de la nation.

raux. Ils se réunirent dans l'église Notre-Dame de Paris, en présence du roi. Ce prince fit remettre aux députés une lettre du pape, lettre que l'on avait falsifiée pour exciter leur indignation, et dans laquelle il était insulté, appelé « vaurien ». Il y joignit sa réponse, très violente, qui commençait ainsi : « À Boniface, soi-disant pape, peu ou point de salut. » Les États approuvèrent leur souverain, et le clergé lui-même crut devoir écrire à Boniface VIII pour le prier de modérer ses intentions. Désormais les rois prendront l'habitude de consulter leurs sujets dans les grandes circonstances, sans se croire d'ailleurs tenus de suivre leurs conseils.

Les Templiers. — Les Templiers, ordre religieux fondé après la croisade, possédaient de grandes richesses. Philippe le Bel, qui craignait leur puissance, résolut de les supprimer. Il les accusa d'être hérétiques, d'adorer des idoles, de boire dans des crânes humains, et il les fit arrêter, par toute la France, le même jour. Le grand maître de

Château des Templiers à Paris.

l'ordre, Jacques de Molay, avait, sous le coup de la torture, avoué tous les crimes qu'on imputait aux Templiers ; mais il rétracta ses aveux. Philippe le fit brûler vif.

Résumé. — 1. Philippe le Bel fit faire de grands progrès à la royauté par son habile gouvernement.

2. Il combattit le pape Boniface VIII et abolit l'ordre des Templiers.

Exercices. — *Comment le roi de cette France, qu'on appelait la « fille aînée de l'Église », a-t-il pu être conduit à faire la guerre au pape ? — S'il avait été vaincu, que serait devenue la liberté de conscience ? — A ce propos, qu'appelle-t-on la liberté de conscience? — Approuvez-vous la conduite de Philippe le Bel envers les Templiers ? — Comparez les premiers des Capétiens, Hugues Capet ou Robert, avec Philippe le Bel, et dites si l'autorité royale s'est accrue dans l'intervalle ? — Parmi ces rois, lequel préférez-vous ?*

Questionnaire. — 1. Quels furent les derniers rois capétiens ? — 2. A quel peuple Philippe le Bel fit-il la guerre ? — 3. Pourquoi lutta-t-il contre le pape ? — 4. Quel ordre religieux supprima-t-il ? Qu'est-ce que les États généraux, le Parlement ? — 5. Par qui fut-il aidé dans l'administration de son royaume ?

COURS ÉLÉM.

Louis IX sert un lépreux
de ses propres mains.

Louis IX rend la justice
sous le chêne de Vincennes.

Mort de Louis IX
devant Tunis.

Bataille de Courtray

Les États généraux de 1302
réunis à l'église Notre-Dame, à Paris.

Irlande
ANGLETERRE
Londres
Hambourg
Brême
Magdebourg
PRUSSE
Légende
(1096) Pierre l'Ermite et God. de Bouillon
(1147) Louis VII
(1189) Ph. Auguste
(1189) Richard Cœur de Lion
(1202) Boniface de Montf.rt et Baudouin
(1225) Frédéric II
(1248) St Louis
(1270) d°
Rme DE POLOGNE
EMPIRE
Vistule
Dniester
RUSSIE
OCÉAN
ATLANTIQUE
PARIS
Metz
Spire
Ratisbonne
Rhin
Danube
Vienne
Buda-Pest
Loire
Vezelay
FRANCE
Poitiers
Clermont
Lyon
GERMANIQUE
HONGRIE
Venise
Trieste
Belgrade
Danube
MER NOIRE
Aigues-Mortes
Marseille
Gênes
Rme DE
Zara
BULGARIE
Andrinople
Constantinople
Trébizonde
Ebre
Saragosse
Corse
MER ADRIATIQUE
EMP. GREC
Nicée
ESPAGNE
Rome
Durazzo
Dorylée
Césarée
ASIE MINEURE
Lisbonne
Tage
Sardaigne
MER
Brindisi
MER IONIENNE
Attalia
ANTIOCHE
Valence
Cagliari
TYRRHÉNIENNE
Cordoue
Palerme
Sicile
Chypre
Limassol
PALESTINE
MER
MÉDITERRANÉE
Crète
Candie
St Jean d'Acre
Damas
TUNIS
Malte
Damiette
JÉRUSALEM
AFRIQUE
Pte de Syrte
Tripoli
Gde de Syrte
le Caire
Mansourah
CARTE DES CROISADES
O. Lepage, del.t

TROISIÈME PÉRIODE

1. Vers le xɪᵉ siècle se constituèrent les communes. Pendant ce temps, les rois capétiens luttèrent contre la Féodalité.

2. Louis VI châtia les seigneurs brigands ; Philippe-Auguste affaiblit le plus puissant des barons français, le duc de Normandie, roi d'Angleterre ; saint Louis fit aimer la royauté par ses vertus, et Philippe le Bel abolit l'ordre des Templiers.

3. Ce fut le peuple qui profita de cette destruction de la Féodalité.

TABLEAU RÉCAPITULATIF

Louis VI et Louis VII	Les communes. Deuxième croisade. Mariage et divorce de Louis VII avec Eléonore d'Aquitaine.
Philippe-Auguste (1180-1223) et Louis VIII	Troisième croisade. Victoire de Bouvines (1214). Embellissement de Paris. Quatrième croisade et croisade des Albigeois.
Louis IX (1226-1270)	Régence de Blanche de Castille. Victoire de Saintes. Septième croisade ; prise de Damiette ; bataille de la Mansourah ; captivité du roi. Huitième croisade : mort de Louis IX. Justice et sage administration du roi.
Philippe le Bel (1285-1314)	Lutte contre Boniface VIII. Destruction de l'ordre des Templiers. Premiers Etats généraux. Le Parlement.

La Guerre de Cent Ans

Ruine de la Féodalité

O. Lepage, del.

PHILIPPE DE VALOIS (1328-1350) — COMMENCEMENT DE LA GUERRE DE CENT ANS

1. A la mort de Charles IV, un de ses cousins, **Philippe de Valois**, fut reconnu roi par les barons, qui ne voulaient pas d'Edouard III, roi d'Angleterre, petit-fils, par sa mère, de Philippe le Bel.

2. Il fut de règle dès lors que les femmes seraient exclues de la succession au trône de France. C'est ce que l'on appela la **loi salique**.

3. Edouard III fut irrité et, au bout de quelques années, éclata entre la France et l'Angleterre une lutte terrible, connue sous le nom de **guerre de Cent ans**.

4. Philippe de Valois fut vaincu à **Crécy** en 1346 et les Anglais lui prirent la ville de **Calais** (1347).

RÉCITS

Guerres de Flandre et de Bretagne. — La loi salique fut la véritable cause de la guerre de Cent ans. Edouard III attaqua Philippe de Valois, d'abord d'une façon indirecte en Flandre, où les habitants prirent les armes sous la direction d'un brasseur de Gand, nommé Jacques Arteveld, puis en Bretagne, où deux prétendants se disputant le duché, il soutint naturellement celui que combattaient les Français. Il fut vainqueur, ses armées étant supérieures par l'armement et la discipline aux troupes françaises.

Guerre de Cent ans : bataille de Crécy. — La bataille décisive eut lieu en 1346 auprès de **Crécy**. Edouard III, arrivé dès la veille, avait fait reposer ses troupes pour qu'elles fussent bien en état de combattre. L'armée française, au contraire, n'arriva qu'à deux heures, après avoir fait plus de six lieues par des chemins tout détrempés. Au lieu de remettre l'attaque au lendemain, les chefs de l'armée prirent immédiatement leurs dispositions de bataille. Les archers, qui marchaient en tête, étant peu disposés à engager l'action, le roi ordonna de les charger. On vit ainsi les Français se battre entre eux devant l'ennemi. Les Anglais profitèrent du désordre qui s'ensuivit et furent facilement vainqueurs. Philippe de Valois, entraîné par les siens, quitta, bien à

Notes explicatives. — Crécy, Somme. — Calais, Pas-de-Calais. — **Gand** Belgique.

regret, le champ de bataille, et il arriva jusqu'au château de Broye où il frappa en criant : « Ouvrez, ouvrez, châtelain, c'est l'infortuné roi de France. »

Siège de Calais. — Edouard III vint ensuite assiéger Calais. Les Calaisiens se défendirent bien, mais ils furent pris par la famine ; il fallut se rendre. Le roi voulait d'abord faire pendre tous les habitants, puis il se radoucit un peu et consentit à leur faire grâce, à l'exception de six d'entre eux qui viendraient tête nue, pieds nus, la corde au cou, lui apporter les clefs de la ville, et dont il disposerait à sa volonté.

Philippe à la porte du château de Broye.

Eustache de Saint-Pierre. — Ce fut, dit-on, un riche bourgeois, Eustache de Saint-Pierre, qui s'offrit le premier pour être des six victimes demandées par Edouard III. Lui et ses compagnons vinrent comme il avait été convenu et s'agenouillèrent devant le roi, qui commanda de les mettre à mort. Il fallut que sa femme, la reine Philippine de Hainaut, se jetât à ses genoux pour obtenir leur grâce.

La France, ainsi éprouvée, fut ensuite ravagée par la **peste noire,** qui fit périr le quart de la population.

Résumé. — 1. L'avènement de Philippe VI de Valois fut le signal de la guerre de Cent ans entre la France et l'Angleterre.

2. Le roi d'Angleterre, vainqueur à Crécy (1346), s'empara l'année suivante de Calais.

Exercices. — *Une guerre pourrait-elle, de nos jours, durer cent ans ? — Pour quelles raisons serait-elle plus courte ?— Cherchez si la guerre de Cent ans n'a pas eu des causes plus lointaines que la rivalité de Philippe VI et d'Edouard III. — Cette guerre n'était-elle pas inévitable du jour même où Guillaume le Conquérant s'était emparé de l'Angleterre et où Eléonore d'Aquitaine avait épousé un roi d'Angleterre ? — Comment s'expliquent les défaites de la France et qui faut-il en rendre responsable ?*

Questionnaire. — 1. Qui succéda à Charles IV ? — 2. Qu'appelle-t-on la loi salique ? — 3. De quelle guerre fut cause cette coutume ? — 4. Où furent vaincus les Français ? Quelle ville prit Edouard III ?

JEAN II LE BON (1350-1364) — NOUVEAUX REVERS

1. Sous **Jean II le Bon** les Français subirent la grande défaite de **Poitiers** (1356). Le roi fut fait prisonnier dans cette bataille et le gouvernement échut à son fils, le **dauphin Charles**.

2. Ce prince sans expérience gouverna assez mal et, ne pouvant continuer la lutte, il signa le **traité de Brétigny** (1360), qui livrait aux Anglais tout le midi de la France, entre la Loire et les Pyrénées.

RÉCITS

Bataille de Poitiers. — L'armée anglaise, commandée par le **Prince Noir**, fils d'Edouard III, avait pris position sur une colline, près de Poitiers. Elle était fortement retranchée et on ne pouvait arriver au sommet de la colline que par des sentiers escarpés et bordés de haies où quatre hommes n'auraient pu passer de front. Malgré la supériorité de cette position, comme il avait moins de troupes que son adversaire, le Prince Noir voulut négocier ; mais le roi Jean s'y refusa. La bataille s'engagea donc.

Le roi Jean prisonnier. — Les chevaliers français, toujours imprévoyants, s'étaient lancés par les sentiers qui menaient au camp ennemi. Sur ce sol rocailleux les chevaux glissaient, et les premiers rangs pressant les autres, ce fut bientôt une confusion pire qu'à Crécy. Là encore les archers anglais firent merveille. Quand l'armée française fut ainsi ébranlée, l'infanterie ennemie la chargea. Le roi Jean se battait bien, frappant de tous côtés avec sa hache d'armes, pendant que son plus jeune fils, Philippe, veillait sur lui et lui criait : « Père, gardez-vous à droite ; gardez-vous à gauche ». Le roi finit néanmoins par être fait prisonnier.

Jean le Bon, fait prisonnier, est servi à table par le Prince Noir.

Notes explicatives. — **Poitiers** (Vienne). — **Prince Noir**, ainsi nommé à cause de son armure. — **Brétigny**, près de Chartres (Eure-et-Loir). **Dauphin**, nom donné au fils aîné du roi de France.

Le Grand Ferré. — Si les chevaliers donnaient ainsi des preuves d'incapacité, les gens du peuple, eux du moins, se battaient avec plus de succès et ils faisaient parfois éprouver de rudes échecs aux bandes anglaises. C'est ce que montre l'histoire du Grand Ferré. Près de Compiègne, quelques paysans avaient occupé un lieu fortifié. Parmi eux il y en avait un qui était d'une grande force musculaire : on l'appelait le Grand Ferré. Les Anglais marchèrent contre la petite troupe en disant : « Chassons ces rustres et emparons-nous de la place. » Ils arrivent sans être vus, trouvent les portes ouvertes et entrent. Le Grand Ferré encourage alors ses camarades, leur criant : « Vendons bien notre vie, car ils nous tueront sans miséricorde. » Et tous de se jeter sur les Anglais, frappant « comme s'ils battaient le blé dans l'aire », jusqu'à ce qu'ils les aient mis en fuite. Ferré en avait tué à lui seul plus de quarante. Le lendemain, les Anglais reviennent en plus grand nombre, mais sans plus de succès. Par malheur, le Grand Ferré, échauffé par la besogne, avait bu de l'eau froide. Il est pris de la fièvre, regagne sa chaumière et se met au lit. Les Anglais envoient douze hommes pour le tuer. Sa femme, les voyant venir de loin, court au malade et lui crie : « Ah ! mon Ferré, voilà des Anglais ; je crois vraiment qu'ils te cherchent ; que faire ? » Lui, oubliant son mal, se lève vite, prend sa hache et sort dans la petite cour : « Voleurs, vous venez me prendre dans mon lit, mais vous ne m'avez pas encore. » Et il en tue cinq ; ce que voyant, les autres prennent la fuite. Seulement, comme il avait chaud, il boit encore et meurt : « Il fut pleuré de tous ses compagnons et du pays tout entier ; car, lui vivant, jamais les Anglais n'y seraient venus. »

Résumé. — 1. Sous le roi Jean le Bon, les Français furent encore vaincus dans la grande bataille de Poitiers (1356).

2. Le traité de Brétigny abandonna alors aux Anglais tous les pays du midi de la France.

Exercices. — *Pourquoi vous a-t-on raconté l'histoire du Grand Ferré ? Dites quelles sont les réflexions que vous suggère cette histoire. Montrez que le sentiment national commence à se faire jour en France (naissance, encore un peu incertaine, du patriotisme par la haine de l'ennemi commun).*

Questionnaire. — 1. Où fut vaincu Jean le Bon et par qui ? Quel prince gouverna le royaume pendant sa captivité ? — 2. Quel traité fut signé avec l'Angleterre ? — Quels pays ce traité donnait-il aux Anglais ?

ÉTIENNE MARCEL — LA JACQUERIE

1. Le prévôt des marchands, **Etienne Marcel**, avait mis Paris en état de défense après la bataille de Poitiers.

2. Il voulut profiter de la captivité de Jean le Bon pour limiter l'autorité royale, et il obtint que les Etats généraux se réuniraient désormais deux fois par an pour faire les lois et pour voter les impôts.

3. Mais il se fit beaucoup d'ennemis en s'appuyant sur les **Jacques**, paysans révoltés, et en voulant donner le trône de France à un prince de la famille de Jean le Bon, le roi de Navarre **Charles le Mauvais**. Aussi fut-il assassiné (1358). Sa réforme ne lui survécut pas.

RÉCITS

Etienne Marcel. — Le prévôt des marchands était une sorte de maire, élu par les marchands de Paris. Il avait une grande autorité. Marcel, qui avait été nommé député aux Etats généraux réunis par Jean le Bon, imposa au régent Charles une réforme dans le gouvernement de la France. Le roi ne devait plus être désormais le maître absolu ; il subirait le contrôle des Etats généraux, réunis régulièrement deux fois par an. Cette réforme était de nature à assurer la liberté.

Emeutes dans Paris. — Le régent, après avoir accepté la réforme, refusa de l'exécuter. Pour l'y contraindre, Marcel souleva la population parisienne. Une bande de gens armés le suivit au palais du régent. Des paroles très aigres furent échangées. Alors, dit-on, Marcel s'adressant à ceux qui l'accompagnaient, s'écria : « Faites ce pour quoi vous êtes venus », et ils tuèrent trois seigneurs coupables d'avoir encouragé le dauphin à ne point tenir ses promesses. Charles fut même menacé ; mais le prévôt le sauva en le couvrant d'un chaperon mi-partie rouge et bleu, qui était le signe de ralliement des émeutiers.

Notes explicatives. — **Jacques** : ce surnom vient peut-être de ce que les paysans portaient sur leur cuirasse une espèce de casaque appelée **jacques**. — **Meaux**, Seine-et-Marne. — **Charles le Mauvais** était par sa mère petit-fils de Louis X.

La Jacquerie. — En ce temps-là, les paysans souffraient beaucoup des maux de la guerre et des violences des nobles, ces mêmes nobles qui n'avaient pas su défendre la France. Ils finirent par se révolter. On les appela les **Jacques**, parce que « Jacques Bonhomme » était le surnom donné par dérision aux gens du peuple. Ils furent vaincus près de Meaux. « Là on les abattait à grands monceaux, ainsi que des bêtes. Les seigneurs en tuèrent tant qu'ils en étaient lassés ; après quoi ils mirent le feu à la pauvre ville de Meaux dont les habitants furent brûlés. »

Révolte des Jacques.

Mort d'Etienne Marcel. — Etienne Marcel avait soutenu les Jacques. Après leur défaite, il voulut faire roi Charles le Mauvais, sachant bien que ni Jean le Bon ni son fils n'exécuteraient les réformes, si nécessaires pourtant au bien du pays. Un écrivain du temps, Froissart, raconte qu'il fut surpris la nuit par l'échevin Maillart, au moment où il allait livrer une porte de Paris à Charles le Mauvais. Maillart lui dit : « Etienne, Etienne, que faites-vous ici à cette heure ? Vous n'y êtes pour nul bien, car, voyez, ajouta-t-il, comme il tient les clefs des portes en ses mains pour trahir la ville. » Marcel répondit en s'avançant : « Vous mentez. — Par Dieu, fit Maillart, c'est vous qui mentez, traître, » et il le tua d'un coup de hache.

Résumé. — 1. Etienne Marcel essaya, après la défaite de Poitiers, de limiter l'autorité royale ; puis il voulut remplacer Jean le Bon par le roi de Navarre Charles le Mauvais.

2. Ses projets échouèrent et il fut assassiné.

Exercices. — *Pourquoi les gens du peuple souffraient-ils plus particulièrement des maux de la guerre ? — Les nobles étaient-ils vraiment responsables de ces maux ? — Pourquoi ? — En quoi la réforme de Marcel était-elle utile ? — La ville de Paris a élevé une statue à cet homme. Comment vous expliquez-vous cela ?*

Questionnaire. — 1. Qu'était-ce qu'Etienne Marcel ? — 2. Quels furent ses projets ? — 3. Sur qui s'appuya-t-il pour les faire triompher ? A quel prince voulut-il donner le trône de France ? Comment mourut-il ?

CHARLES V — DUGUESCLIN (1364-1380)

1. Le dauphin Charles, devenu roi sous le nom de **Charles V**, gouverna sagement et remporta de grands succès, grâce au Breton **Duguesclin**.

2. Duguesclin vainquit d'abord à **Cocherel** les troupes de Charles le Mauvais, puis, après avoir fait la guerre en Bretagne, il alla mettre sur le trône de Castille notre allié, Henri de Transtamare.

3. A partir de 1370, il fit la guerre aux Anglais et leur enleva presque toutes leurs conquêtes.

RÉCITS.

Jeunesse de Duguesclin. — Duguesclin naquit au château de la Motte-Broons, à quelques lieues de Rennes. Noir, laid et maussade, il fut, dit-on, le plus désagréable enfant qui se puisse voir. Il avait toujours la menace à la bouche et le bâton à la main, prêt à frapper ceux qui l'entouraient. Un jour, sa mère, pour le punir de quelque faute, voulut l'envoyer manger à la cuisine ; pris de colère, il renversa la table où le dîner était servi. Son passe-temps habituel consistait à faire battre les petits paysans du village, pour les exercer à la guerre ; il se mettait à leur tête et recevait toujours pour sa part les plus mauvais coups. Aussi revenait-il d'ordinaire au château meurtri, sanglant et les habits en lambeaux. A dix-sept ans, il parut dans un tournoi à Rennes, sans se faire connaître, renversa tous les gentilshommes qui lui furent opposés, et remporta le prix.

Premiers exploits de Duguesclin. — L'enfant méchant et batailleur devint bientôt un brave soldat. Il se rendit célèbre par son courage et aussi par son esprit fertile en ruses, dont voici quelques traits. Désespérant, un jour, de prendre un château fort qu'il assiégeait, il se présente devant les portes avec des soldats déguisés en paysans et conduisant des voitures chargées de bois. On les introduit sans défiance. Aussitôt une des voitures, renversée comme par maladresse, vient barrer la porte qu'on ne peut plus refermer ; les faux bûcherons saisissent des armes cachées sous leurs vêtements, et forcent la garnison à se rendre. Une autre fois, Duguesclin

Notes explicatives. — Cocherel, Eure. — Castille, pays à l'ouest et au centre de l'Espagne. — Châteauneuf-de-Randon, Lozère.

assiégeait une ville et son armée manquait de vivres. Les assiégés, pour insulter à sa détresse, font venir sur le rempart, à la vue de tous, des troupeaux de porcs. Sans mot dire, Duguesclin fait chercher dans la campagne un animal de la même famille, qu'il excite violemment à crier en lui tirant les oreilles ; les porcs, reconnaissant ces cris, sautent aussitôt par-dessus les murs, pour venir retrouver leur frère, et arrivent dans le camp de Duguesclin, qui trouva ainsi, sans bourse délier, les vivres dont il avait besoin.

La rançon de Duguesclin. — Duguesclin fut lui-même vaincu et pris en Espagne par le Prince Noir. Celui-ci, apprenant qu'il se plaignait d'être captif, lui dit un jour : « Messire Bertrand, on prétend que vous n'estimez pas le beau séjour de ce pays. — Par ma foi, Monseigneur, répondit-il, j'aimerais mieux, au lieu d'entendre uniquement les souris de ma prison, écouter les chants des oiseaux de mon pays dont je suis déshabitué. » Le prince l'invita alors à fixer le prix de sa rançon. — « Pas moins de cent mille livres, fit fièrement Duguesclin. — Mais où les trouverez-vous ? — Mes maîtres, les rois de France et de Castille, fourniront bien la moitié. Pour le reste, ajouta le héros populaire, il n'est femme ni fille de France qui ne file sa quenouille pour me tirer de captivité. » C'est ainsi que Duguesclin fut mis en liberté. Il battit alors partout les Anglais.

Mort de Duguesclin. — Il avait imaginé un nouveau système de guerre, refusant la bataille aux ennemis, mais les harcelant sans trêve ni repos et faisant le désert sur leur passage. Aussi les armées anglaises semblaient-elles « fondre comme beurre au soleil » ; les Anglais furent bientôt chassés de France. Duguesclin mourut en 1380 devant Châteauneuf-de-Randon, alors révoltée contre l'autorité royale, et c'est sur son cercueil que furent déposées les clefs de la ville.

Résumé. — 1. Sous le règne de Charles V, roi sage qui fut aidé par un grand général, Duguesclin, la France se releva peu à peu de ses ruines.

2. Charles le Mauvais dut signer la paix et les Anglais perdirent presque toutes leurs conquêtes des époques précédentes.

Exercices. — *En quoi Duguesclin fut-il supérieur à son siècle par sa façon de comprendre la guerre ? — Pourquoi Duguesclin est-il resté si populaire ?*

Questionnaire. — 1. Par quel grand général fut aidé Charles V ? — 2. Où furent vaincues les troupes de Charles le Mauvais ? Quel prince Duguesclin mit-il sur le trône de Castille ? — 3. Quel fut le résultat de la guerre avec les Anglais ?

Dévouement
d'Eustache de Saint-Pierre.

Jean le Bon et son fils
à la bataille de Poitiers.

Le Grand Ferré.

Statue d'Etienne Marcel.

Etienne Marcel et le Dauphin.

Mort d'Etienne Marcel.

Jeunesse de Duguesclin.

Duguesclin
au tournoi de Rennes.

Duguesclin déguisé en bûcheron
prend un château
occupé par les Anglais.

Duguesclin, assiégeant une ville,
se procure des porcs
sans bourse délier.

Duguesclin fixe au Prince Noir
le prix de sa rançon.

Les clefs de la ville
de Châteauneuf-de-Randon
déposées sur le cercueil de Duguesclin

CHARLES VI — (1380-1422)

1. Sous Charles VI eut lieu la guerre civile des **Armagnacs** et des **Bourguignons**, amenée par le meurtre du duc d'Orléans, frère du roi.

2. Les Anglais en profitèrent pour reprendre la guerre avec la France. Ils furent vainqueurs à **Azincourt** (1415), et le **traité de Troyes** (1420) promit la couronne de France au roi d'Angleterre, qui épousa la fille de Charles VI.

RÉCITS

Les Marmousets. — Charles VI, devenu majeur, avait pris pour ministres des gens de petite noblesse, que les grands

Assassinat d'Olivier de Clisson.

seigneurs appelèrent par dérision des *marmousets*. Les marmousets gouvernèrent bien. Mais, un soir, leur chef, le connétable Olivier de Clisson, fut assailli par un seigneur nommé Pierre de Craon : « A mort, à mort Clisson, criait celui-ci. Il vous faut mourir ici ! » Le connétable, frappé à la tête, tomba à la renverse. Heureusement il alla rouler jusqu'à la porte d'une boulangerie, qui s'ouvrit sous le choc. Les assassins, craignant qu'on ne les surprît et le croyant mort, s'enfuirent. Pierre de Craon trouva un refuge en Bretagne.

Folie du roi. — Le duc de ce pays ne voulut pas le livrer à Charles VI. Une expédition contre la Bretagne fut alors entreprise. Le roi, qui relevait d'une maladie grave, en prit le commandement. Il traversait la forêt du Mans quand un homme mal vêtu, et l'air hagard, se jeta à la tête de son cheval en criant: « Roi, ne chevauche plus avant, mais retourne, car tu es trahi. » Charles, mal guéri et qui avait l'esprit faible, fut pris d'un accès subit de démence. Il fondit sur son escorte, tua ou blessa quelques hommes. Dès lors, il ne cessa plus guère d'être fou.

Assassinat du duc d'Orléans. — Une longue dispute survenue entre son frère, le duc d'Orléans, et son cousin

---

Notes explicatives. — Azincourt, Pas-de-Calais. — **Troyes**, Aube. — **Marmouset** signifie petit garçon, ici *parvenu*. — **Rouen**, Seine-Inférieure.

le duc de Bourgogne, se termina par l'assassinat du premier. Assailli comme Clisson, par des hommes armés, le malheureux eut la main gauche tranchée d'un coup de hache. Il cria : « Je suis le duc d'Orléans. — C'est ce que nous cherchons, » répondirent les assassins, et ils s'acharnèrent après lui, jusqu'à ce qu'il tombât, le crâne ouvert, la cervelle épandue par terre. Ce fut le signal de la guerre civile.

La guerre étrangère. — Le roi d'Angleterre, Henri V, envahit alors la France. Une bataille eut lieu à **Azincourt.** Les chevaliers français rejetèrent les hommes d'armes à l'arrière-garde et voulurent tous combattre au premier rang. Ils étaient tellement serrés que leurs bras ne pouvaient se lever pour frapper. Les Anglais en firent un grand carnage. Henri V assiégea ensuite Rouen, qui fut défendue par un brave soldat, Alain Blanchard. Il la prit par la famine. Les habitants avaient mangé tout ce qui peut se manger. Le boisseau de blé coûtait 500 livres ; un chat 60, un rat 40, une souris 6. Il fallut se rendre. Alain Blanchard fut exécuté.

Le traité de Troyes. — Peu après, le duc de Bourgogne voulut se réconcilier avec les Armagnacs dont le chef était alors le dauphin Charles, fils de Charles VI. Il eut avec ce prince une entrevue au pont de Montereau. Mais là il fut assassiné par un seigneur breton, Tanneguy-Duchâtel. Son fils, Philippe le Bon, accusa le dauphin d'avoir prémédité ce meurtre et, pour se venger, il s'allia aux Anglais. Charles VI conseillé par sa femme, Isabeau de Bavière, signa alors le traité de Troyes, par lequel il déshéritait son fils et laissait la couronne à sa fille, qui épousait le roi d'Angleterre. La France devenait ainsi une province anglaise (1420).

Résumé. — 1. Pendant le règne de Charles VI, le royaume fut désolé par la guerre des Armagnacs et des Bourguignons.

2. Le roi d'Angleterre, Henri V, vainquit les Français à Azincourt (1415), et le honteux traité de Troyes fit de la France une province anglaise.

Exercices. — *Rapprochez Azincourt de Crécy et de Poitiers, et montrez que la défaite fut due à des causes analogues. A qui peut-on comparer Alain Blanchard ? (Un bourgeois qui, lui aussi, se dévoua pour sa ville, et, plus heureux, fut épargné par le vainqueur.)*

Questionnaire. — 1. Quelle fut la cause de la rivalité des Armagnacs et des Bourguignons ? — 2. Où les Anglais furent-ils vainqueurs de la France ? Qu'est-ce que le traité de Troyes ?

CHARLES VII — JEANNE D'ARC (1422-1461)

1. Sous le règne de Charles VII, la France fut enfin victorieuse des Anglais, grâce surtout à une jeune paysanne, **Jeanne d'Arc.**

2. Jeanne, entraînant tous les Français dans un même élan d'amour pour le pays envahi, délivra la ville d'Orléans assiégée et fit sacrer Charles VII à Reims.

3. Prise devant Compiègne, elle fut brûlée vive à Rouen après un procès inique (1431). Mais les Anglais n'en furent pas moins chassés de France en 1453.

4. Charles VII laissa la France prospère et puissante, grâce à d'excellents serviteurs, **Arthur de Richemont**, qui réorganisa l'armée, et **Jacques Cœur**, qui administra sagement les finances et développa le commerce.

RÉCITS

Enfance de Jeanne d'Arc. — Jeanne d'Arc naquit en 1409 au village de Domrémy, sur les frontières de la Champagne et de la Lorraine. Elle se montra, dès son enfance, simple, timide et douce, aimant à rêver et à prier. Dans le pays on parlait beaucoup des maux de la guerre. Jeanne y compatit de tout cœur. Une prédiction avait cours alors, affirmant que la France, qui avait été perdue par une femme (la reine Isabeau de Bavière, femme de Charles VI, responsable du traité de Troyes), serait sauvée par une autre femme. Jeanne se crut appelée à être cette libératrice. Un jour, il lui sembla entendre une voix qui disait: « Jeanne, va délivrer le roi de France et lui rendre son

Statue de Jeanne d'Arc.

royaume. » Elle vint alors demander au sire de Baudricourt, capitaine de Vaucouleurs, près de Domrémy, quelques hommes d'armes pour la conduire auprès du roi... Baudri-

---

Notes explicatives. — **Domrémy**, Vosges. — **Vaucouleurs**, Meuse. — **Chinon**, Indre-et-Loire. — **Orléans** et **Patay**, Loiret.

court déclara d'abord qu'elle était folle et qu'il fallait la souffleter bien fort ; puis, voyant le peuple enthousiasmé pour elle, il se rendit à ses désirs.

Délivrance d'Orléans et sacre du roi. — Elle alla trouver le roi à Chinon et obtint le commandement d'une petite armée avec laquelle elle entra dans **Orléans**, assiégé par les Anglais. Immédiatement tous les cœurs se sentirent réconfortés. A la tête de la petite garnison, elle attaqua vigoureusement les ennemis, se lançant au plus fort de la mêlée, mais sans frapper elle-même, et, le 8 mai 1429, la ville était délivrée. Elle vainquit encore les Anglais à **Patay** et mena le roi à **Reims** pour l'y faire sacrer. Pendant la cérémonie, elle se tenait à côté de lui, sa bannière à la main, disant que « cette bannière, qui avait été à la peine, méritait bien d'être à l'honneur ».

Mort de Jeanne d'Arc. — On a dit, sans aucune preuve, qu'elle aurait voulu alors retourner dans son village. Au contraire, elle ne regardait pas sa tâche comme terminée. Mais la guerre lui fut moins heureuse. Elle s'était jetée dans **Compiègne** assiégée. Un jour qu'elle dirigeait une sortie, il fallut battre en retraite. Les gens de la garnison, la voyant revenir poursuivie par les Anglais, fermèrent les portes, soit par peur, soit par trahison, et elle fut prise. Alors on lui fit son procès. Un tribunal de gens d'église, présidé par l'évêque de Beauvais, Pierre Cauchon, la condamna d'abord à la prison perpétuelle, puis à mort, comme sorcière et inspirée du diable. Elle fût brûlée vive à Rouen, sur la place du Vieux-Marché, et elle mourut avec le plus admirable courage. Les Anglais eux-mêmes disaient: « Nous sommes perdus; nous avons brûlé une sainte. » Jeanne d'Arc est la plus belle figure de notre histoire; tous les Français doivent l'aimer.

Résumé. — 1. Sous Charles VII, Jeanne d'Arc fit lever le siège d'Orléans et sacrer le roi à Reims.

2. Prise devant Compiègne, elle fut brûlée vive à Rouen. Mais l'élan était donné; bientôt les Anglais furent chassés de France.

Exercices. — *Comment vous expliquez-vous que Jeanne d'Arc ait pu réussir à délivrer la France ? — Quel est le sentiment qui a, pour ainsi dire, pris naissance avec Jeanne d'Arc (le patriotisme, dire pourquoi) ?*

Questionnaire. — 1. Qu'est-ce que Jeanne d'Arc ? — 2. Quelle ville délivra-t-elle ? — 3. Où fut-elle prise? Que devint-elle ? — 4. Quels furent les conseillers de Charles VII ?

LOUIS XI — CHARLES LE TÉMÉRAIRE (1461-1483)

1. **Louis XI** passa son règne à lutter contre le duc de Bourgogne, **Charles le Téméraire.**

2. Il fut obligé plusieurs fois de subir les conditions que lui fit ce prince, notamment après la ligue dite du Bien public (1465) et à l'entrevue de Péronne en 1468.

3. Mais Charles alla se faire battre par les Suisses à Granson et à Morat (1476), et mourut peu après devant Nancy (1477).

4. Sa fille, Marie, fut obligée d'abandonner la Bourgogne à Louis XI.

RÉCITS

La ligue du Bien public. — Le fils de Charles VII, le dauphin Louis, avait pris part à plusieurs révoltes des seigneurs féodaux contre l'autorité royale. Pour échapper à la colère paternelle, il fut obligé de se retirer à la cour du duc de Bourgogne, Philippe le Bon, qui lui fit un excellent accueil. Charles se contenta de dire : « Mon beau cousin de Bourgogne nourrit là un renard qui mangera ses poules. » La prédiction ne devait pas tarder à se vérifier. Devenu roi, Louis fut l'ennemi le plus acharné de la maison de Bourgogne.

Entrevue de Péronne. — En 1468, il vint trouver le nouveau duc, Charles le Téméraire, à Péronne, espérant le séduire par de bonnes paroles. L'entrevue fut d'abord assez amicale ; mais Charles apprit tout à coup que les Liégeois, ses sujets, s'étaient révoltés, et il accusa le roi d'avoir préparé cette révolte. Il entra donc dans une colère terrible, fit enfermer Louis XI dans une tour et songea, dit-on, à le faire périr. Revenu à des sentiments plus humains, il consentit à remettre en liberté le pauvre roi, tout honteux de l'aventure ; mais ce ne fut pas sans lui arracher de sérieuses concessions. Les Parisiens se moquèrent beaucoup de leur prince, qui s'était ainsi laissé prendre à ses propres filets. Quand Louis rentra dans sa capitale, tous les perroquets et toutes les pies du pays criaient sur son passage : « Péronne ! Péronne ! » Il leur

---

Notes explicatives. — Liège, Belgique : les ducs de Bourgogne possédaient alors la Flandre, qui est la Belgique actuelle. — **Péronne,** Somme. — **Granson et Morat,** Suisse. — **Nancy,** Lorraine. — **Plessis-lez-Tours,** Indre-et-Loire.

fit tordre le cou, puis, ce qui valait mieux, il se jura de ne plus commettre de faute. Il tint parole.

Siège de Beauvais. — Charles le Téméraire était venu assiéger Beauvais. Déjà un soldat plantait l'étendard bourguignon sur le rempart, quand une femme, Jeanne Hachette, accourt, renverse d'un coup de hache le soldat, arrache l'étendard et jette les échelles dans le fossé. Excitée par ce bel exemple, la petite garnison força les assiégeants à se retirer.

Mort de Charles le Téméraire. — Quelques années après, Charles, battu partout grâce aux ennemis que Louis XI lui avait suscités, mourait en assiégeant Nancy. Son corps fut retrouvé près d'un étang glacé, à moitié dévoré par les loups; on ne le reconnut que grâce à son anneau ducal (1477).

Mort de Louis XI. — Le roi survécut à son adversaire six ans dans son château de Plessis-lez-Tours, où il vivait à peu près seul, se défiant de tout le monde. Quiconque approchait du château, sans y être appelé, était pendu par les soins du chef des gardes, le cruel Tristan Lhermite. Le moins qui pût arriver à ses ennemis était d'être attachés avec de lourdes chaînes, qu'on appelait les *fillettes* du roi, et enfermés dans des cages de fer où on ne pouvait se tenir ni debout ni couché. Ce roi cruel redoutait la mort. Il fit venir d'Italie un prêtre qui passait pour faire des miracles, saint François de Paule, et lui demanda de le faire vivre quelques années encore. Mais quand il vit que tout était inutile et qu'il « fallait passer là où tous les autres ont passé », il retrouva sa fermeté et mourut avec courage.

Résumé. — 1. Louis XI, vaincu dans la ligue du Bien public et humilié à Péronne par le duc de Bourgogne, Charles le Téméraire, finit néanmoins par triompher de son rival.

2. Quand Charles, battu par les Suisses, mourut en 1477, la Bourgogne fut réunie au domaine royal.

Exercices. — *Montrer que Louis XI a rendu au peuple de France le plus grand de tous les services en ruinant d'une façon définitive la féodalité (ordre remis dans l'État ; développement du commerce et de l'industrie ; accroissement de la richesse publique).*

Questionnaire. — 1. Contre quel prince Louis XI dut-il lutter pendant presque tout son règne ? — 2. Dans quelle guerre et dans quelle entrevue fut-il obligé de céder aux volonté de Charles le Téméraire ? — 3. Où fut vaincu Charles le Téméraire et où mourut-il ? — 4. Que devint la Bourgogne ?

Charles VI traversant la forêt du Mans.

Assassinat du duc de Bourgogne.

Charles VI, conseillé par Isabeau de Bavière, signe le traité de Troyes.

Louis XI et Charles le Téméraire à Péronne.

Jeanne Hachette défend Beauvais.

Louis XI visite ses *fillettes*.

Enfance de Jeanne d'Arc.

Jeanne d'Arc se présente
devant le roi à Chinon.

Jeanne d'Arc, atteinte d'une flèche
au siège d'Orléans,
arrache elle-même le fer de la plaie.

Jeanne d'Arc fait sacrer le roi
à Reims.

Jeanne d'Arc devant son juge,
l'évêque Pierre Cauchon.

Mort de Jeanne d'Arc.

QUATRIÈME PÉRIODE

1. La France, très prospère à l'époque de Philippe le Bel, faillit être ruinée par la guerre de Cent ans.

2. Les armées féodales, ignorantes et indisciplinées, subirent les grandes défaites de Crécy (1346), Poitiers (1356) et Azincourt (1415). Notre pays fut même un instant donné au roi d'Angleterre par le traité de Troyes (1420).

3. A la guerre étrangère s'ajoutèrent les horreurs de la guerre civile entre les Armagnacs et les Bourguignons.

4. Rien ne semblait devoir empêcher la ruine du royaume, lorsqu'il fut sauvé par un éveil du patriotisme dû surtout à Jeanne d'Arc. Les Anglais vaincus perdirent toutes leurs conquêtes, sauf Calais.

5. Ce fut la royauté capétienne qui profita de ce succès dont elle s'attribua l'honneur. Elle grandit en force et, avec Louis XI, put abattre la Féodalité, représentée à cette époque par le duc de Bourgogne, Charles le Téméraire.

TABLEAU RÉCAPITULATIF

Guerre de Cent ans (1337-1453)	Revers sous Philippe VI et Jean le Bon : défaite de Crécy (1346), perte de Calais (1347), défaite de Poitiers (1356), Etienne Marcel. Victoires avec Charles V et Duguesclin.
Luttes civiles	Folie de Charles VI ; assassinat du duc d'Orléans ; rivalité des Armagnacs et des Bourguignons.
Reprise de la guerre de Cent ans	Défaite d'Azincourt (1415) ; assassinat du duc de Bourgogne ; traité de Troyes (1420). Jeanne d'Arc : délivrance d'Orléans (1429) ; sacre de Charles VII ; supplice de Jeanne d'Arc (1431) ; Expulsion des Anglais (1453).
Lutte contre la Féodalité	Louis XI : ligue du Bien public (1465) ; entrevue de Péronne (1468) ; batailles de Granson et de Morat (1476). Mort de Louis XI (1483).

CINQUIÈME PÉRIODE

Les Guerres d'Italie, la Rivalité de la France et de la Maison d'Autriche, les Guerres de religion

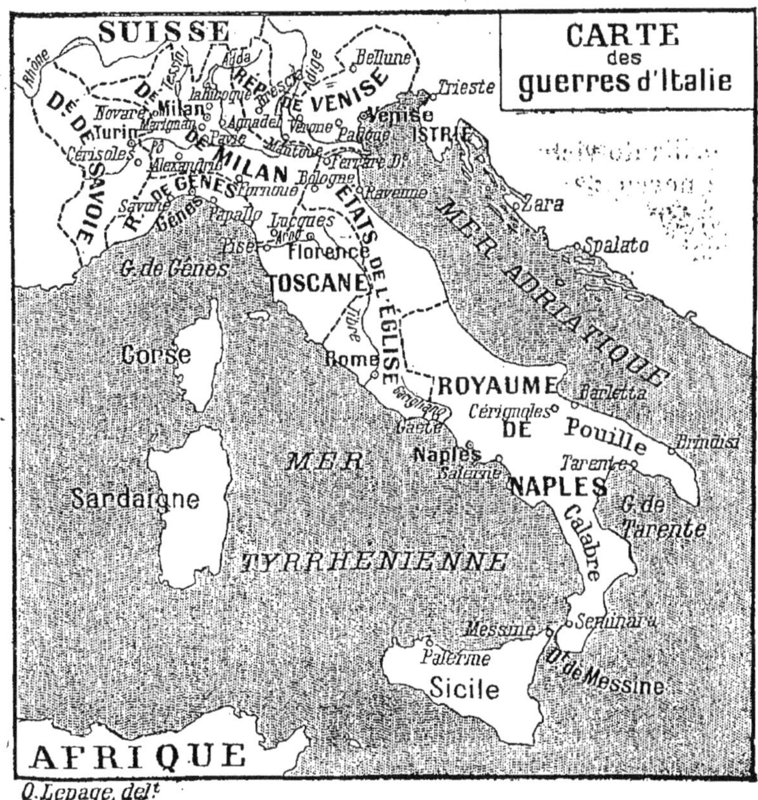

LES GUERRES D'ITALIE (1494-1515)

1. Charles VIII (1483-1498), fils de Louis XI, étant mineur, la régence fut exercée par sa sœur Anne de Beaujeu, qui lutta avec succès contre les grands révoltés, notamment contre le duc d'Orléans. Anne prépara la réunion de la Bretagne au domaine royal en mariant son frère à l'héritière de ce pays.

2. Devenu majeur, Charles VIII envahit l'Italie pour conquérir le royaume de Naples qui avait appartenu autrefois à des princes de sa famille.

3. Ce royaume fut vite conquis ; mais une ligue des Italiens contraignit bientôt le roi à abandonner sa conquête. Du moins sa victoire de **Fornoue** lui permit-elle de rentrer en France (1495).

4. Il eut pour successeur, sous le nom de **Louis XII** (1498-1515), son cousin le duc d'Orléans, l'ancien ennemi d'Anne de Beaujeu. Louis XII recommença la lutte en Italie, où il occupa à la fois le Milanais et Naples.

5. Louis XII ne put se maintenir dans ces pays, malgré la brillante victoire de **Ravenne** (1512), remportée par son neveu **Gaston de Foix**.

6. **François I**er (1515 1547), qui succéda à Louis XII, termina les guerres d'Italie par sa victoire de **Marignan** (1515). La France gardait le Milanais.

RÉCITS

Bayard au Garigliano. — Le plus illustre soldat des guerres d'Italie fut *Bayard*, héros modeste, humain, indomptable, qu'on surnomma le *Chevalier sans peur et sans reproche*. Un jour, l'armée française était attaquée par des forces supérieures sur les bords d'une petite rivière, le Garigliano. Bayard défendit seul un pont, assez longtemps pour assurer la retraite des siens, qu'il couvrit jusqu'au moment où il fut fait prisonnier, son cheval étant tombé d'épuisement. Mais les Français revinrent pour le délivrer. Alors, dans la chaleur de la lutte, il sauta sur un cheval « sans mettre le pied en l'étrier,

---

Notes explicatives. — Naples, le Garigliano, Italie du Nord. — Fornoue, Ravenne, Marignan, le Milanais, Italie du Nord.

criant : « France ! France ! Bayard ! Bayard ! que vous avez laissé aller. » Ce nom redouté acheva de jeter l'épouvante parmi les Espagnols qui lâchèrent pied.

Gaston de Foix à Ravenne. — Sous Louis XII, Gaston de Foix, neveu du roi, et général déjà illustre à vingt-deux ans, reconquit l'Italie. Il était déjà vainqueur des Espagnols à Ravenne, lorsque, voyant passer quelques fuyards, il crut à un retour offensif de l'ennemi. Il se lança alors en avant avec une quinzaine de chevaliers. Entouré, pressé de toutes parts, il tomba après avoir reçu un grand nombre de blessures, « depuis le menton jusques au front, par là montrant bien, le gentil prince, qu'il n'avait pas tourné le dos. »

Mort de Gaston de Foix à Ravenne.

Bataille de Marignan. — A Marignan, la lutte dura deux jours et on l'a appelée une bataille de géants. Le premier jour il y eut d'abord un combat d'artillerie ; puis, plus de trente charges de la cavalerie française essayèrent en vain de rompre la belle ordonnance des Suisses, qui servaient dans les rangs ennemis. La nuit venue, les deux armées étaient presque mêlées. Bayard qui, selon son habitude, était allé le plus avant, fut, dit-on, obligé de revenir en se traînant sur les pieds et les mains : « Ce fut à quatre beaux pieds que le bon chevalier fut rejoindre les siens. » Le lendemain, la bataille reprit avec plus d'acharnement encore. Les Suisses s'avançaient jusqu'à toucher nos canons et se faisaient écharper sur place. Enfin, pris à revers, ils durent se retirer, laissant plus de douze mille morts par terre. Le roi, qui ne s'était pas ménagé, voulut être armé chevalier sur le champ de bataille par Bayard.

Résumé. — 1. Les guerres d'Italie ont été faites par Charles VIII, Louis XII et François Ier pour assurer à la France le royaume de Naples.

2. Les armées françaises y remportèrent les belles victoires de Fornoue (1495), Ravenne (1512) et Marignan (1515).

Questionnaire. — 1. Qui gouverna pendant la minorité de Charles VIII ? Quelle province fut alors réunie au domaine ? — 2. Quel royaume Charles VIII voulut-il conquérir ? — 3. Où fut-il vainqueur des Italiens ? — 4. Quelles furent les conquêtes de Louis XII ? — 5. Où fut vainqueur Gaston de Foix ? — 6. Quelle est la victoire qui termina les guerres d'Italie ?

LUTTE DE FRANÇOIS Ier ET DE CHARLES-QUINT

1. **François Ier**, maître du Milanais, se vit bientôt disputer la possession de ce pays par un prince très puissant, **Charles-Quint**, qui possédait l'Espagne, la Flandre, Naples, l'Autriche, et était en outre empereur d'Allemagne.

2. Il fut vaincu et fait prisonnier à **Pavie** en 1525, puis retenu quelque temps captif à **Madrid**.

3. Remis en liberté, il continua pendant tout son règne à tenir tête à Charles-Quint, grâce surtout à l'alliance des Turcs et de quelques princes allemands, ennemis de l'empereur.

4. Quand il mourut, en 1547, le Milanais était définitivement perdu ; mais la France n'avait pas été démembrée comme l'aurait voulu Charles-Quint.

RÉCITS

Trahison du connétable de Bourbon. — François Ier était en guerre avec Charles-Quint. Un grand seigneur, le connétable de Bourbon, qui prétendait avoir des sujets de plainte, l'abandonna et vint offrir ses services à l'ennemi. Cette trahison fut sévèrement jugée en France, et Bayard mourant donna au connétable une leçon bien méritée.

Bayard et Bourbon. — Bayard avait été mortellement blessé d'un coup d'arquebuse qui lui cassa les reins. On l'étendit sous un arbre en attendant qu'un lit lui fût dressé. Le connétable, prévenu, vint le voir et lui exprimer ses regrets. « Il n'y a pas de pitié à avoir de moi qui meurs en homme de bien, répondit le brave chevalier; mais c'est vous qu'il faut plaindre, vous qui servez contre votre prince, votre patrie et votre serment. » Puis, après avoir ainsi satisfait sa conscience, le héros mourut doucement, « ce dont tous les ennemis eurent un deuil non croyable. » Bourbon fut tué quelques années après en combattant dans les rangs espagnols.

Défaite de Pavie. — Une grande bataille se livra devant Pavie. Les Français, qui assiégeaient cette ville, eurent

---

Notes explicatives. — **Pavie**, Italie du Nord. — **Madrid**, Espagne. — Les **Turcs**, peuple venu de l'Asie, s'étaient établis dans l'ancien empire d'Orient, à Constantinople. Ils auraient voulu enlever l'Autriche à Charles-Quint.

bientôt à se défendre contre une armée de secours. Leur artillerie fit d'abord merveille. « On ne voyait à chaque coup de nos canons que bras et têtes voler. » Mais le roi commit la faute de charger les ennemis à la tête de ses chevaliers ; l'artillerie dut alors cesser le feu, de crainte de blesser les Français en atteignant les Espagnols. Au même moment les assiégés faisaient une sortie. François Ier, blessé, se battit avec le courage du désespoir ; mais il fut obligé de se rendre. Le soir, il écrivit à sa mère

François Ier se rend à Pavie.

une longue lettre que l'imagination populaire a résumée en une phrase célèbre : « Madame, tout est perdu, fors (excepté) l'honneur ! »

François Ier à Madrid. — Charles-Quint le traita sans ménagements et lui fit subir une dure captivité à Madrid. Là le roi tomba malade. Il eut un instant la pensée d'abdiquer, puis il préféra signer un traité désastreux.

Charles-Quint à Paris. — La lutte reprit ensuite plus ardente. François Ier cependant songea un instant à devenir l'allié de Charles-Quint, moyennant la cession du Milanais. Charles vint même à Paris. On pressa le roi de le retenir en captivité. Selon une tradition peu certaine, le bouffon de la cour lui montra un jour des tablettes où il inscrivait les noms de tous les fous connus. En première ligne était celui de Charles-Quint. — « Pourquoi ? demanda le roi. — Pour la folie qu'il commet en venant en France, repartit l'autre. — Et si je le laisse aller ? — Alors, j'inscrirai le vôtre. » François préféra ne pas se souiller d'une trahison, même envers un adversaire qu'il savait déloyal, et il fit bien.

Résumé. — 1. Après les guerres d'Italie, notre pays eut à se défendre contre l'empereur Charles-Quint.

2. François Ier fut vaincu dans cette lutte, notamment à Pavie (1525); mais il empêcha son adversaire de démembrer la France.

Exercices. — *L'accueil fait à la trahison du connétable de Bourbon ne prouve-t-il pas que l'idée de patrie, ignorée avant Jeanne d'Arc, s'était répandue dans les masses ? Comparez Duguesclin et Bayard.*

Questionnaire. — 1. Contre quel prince lutta François Ier ? — 2. Où fut-il battu ? — 3. Avec qui fit-il alliance ? — 4. Quel fut le résultat de la guerre ?

HENRI II — LA RENAISSANCE

1. Henri II (1547-1559), fils et successeur de Fran
çois Ier, reprit la lutte contre Charles-Quint. L'empereu
échoua en 1553 devant **Metz** qui avait été occupé pa
les Français.

2. Le défenseur de Metz, le duc **François de Guise**
s'illustra aussi par la prise de **Calais** sur les Anglai
redevenus nos ennemis.

3. Le **traité de Cateau-Cambrésis** (1559) laiss
à la France Calais et les villes de Metz, Toul et Verdun

4. Vers le même temps de grands événements s'accom
plirent en Europe. **Christophe Colomb** découvri
l'Amérique en 1492. **Vasco de Gama** trouva la rout
des Indes par le cap de Bonne-Espérance. **Gutenberg**
inventa ou plutôt perfectionna l'imprimerie.

5. Il y eut alors, surtout en Italie, comme un réveil de
arts et des lettres, d'où le nom de **Renaissance**
donné à cette période.

6. La France, elle aussi, produisit de grands écrivains
Marot, Ronsard, Calvin, Montaigne, Rabelais, et de
artistes célèbres : Jean Goujon, Germain Pilon, Philiber
de l'Orme, Bernard Palissy.

RÉCITS

Siège de Metz. — Henri II s'était emparé de Metz, Tou
et Verdun. Charles-Quint voulut reprendre la première d
ces villes et il vint l'assiéger dans l'hiver de 1553. La plac
était entourée de mauvaises murailles et dominée par de
hauteurs où l'ennemi établit son artillerie. Le duc de Guise fi
faire de grands travaux de défense. Il organisa aussi de
ateliers pour fondre des canons et fabriquer de la poudre,
créa des hôpitaux, fit tuer et saler un grand nombre de
chevaux pour servir d'approvisionnements, et renvoya dans
les villes voisines les femmes et les enfants. Le siège dura plu-

---

Notes explicatives. — **Metz**, Lorraine. — **Toul**, Meurthe-et-Moselle. —
Verdun, Meuse. — **Saint-Quentin**, Aisne. — **Gênes**, Italie. — Le **Cateau-
Cambrésis**, Nord. — **Cap de Bonne-Espérance**, au sud de l'Afrique. —
Inde, presqu'île au sud de l'Asie. — **Renaissance**. On a donné ce nom, comme si
les lettres et les arts, morts pendant les siècles précédents, étaient revenus à la vie.

sieurs mois. A tout instant, les ouvrages de fortification étaient détruits par le canon des ennemis ; mais ils étaient plus vite relevés encore, le duc mettant lui-même la main à la besogne, et Charles-Quint n'osait donner l'assaut. La garnison faisait des sorties incessantes. Bientôt la maladie et le froid décimèrent l'armée de Charles-Quint, qui dut enfin se retirer en disant: « Je vois bien que la Fortune est femme ; elle aime mieux jeune roi que vieil empereur. » Guise se signala alors par son humanité. Il fit relever et soigner les blessés que l'armée espagnole avait abandonnés en fuyant.

Guise organise la défense.

Christophe Colomb. — Le Génois Christophe Colomb croyait qu'il existait des terres inconnues à l'ouest de l'Europe. Tourné en dérision un peu partout pour cette idée que l'on considérait comme absurde, il finit cependant par obtenir de la reine d'Espagne, Isabelle la Catholique, trois petits navires pour aller à la découverte. C'était une entreprise hardie et pleine de périls. On raconte que, las de cette traversée sans fin, les matelots menacèrent de se révolter si on ne les ramenait en Espagne. Colomb obtint avec peine qu'ils continuassent leur route trois jours encore. Le matin du troisième jour, la terre fut signalée.

Résumé. — 1. Henri II termina glorieusement la lutte entreprise par son père, en acquérant les trois villes de Metz, Toul et Verdun. Calais fut aussi repris aux Anglais.

2. A la même époque, Christophe Colomb découvrit l'Amérique, Gutenberg inventa l'imprimerie et la Renaissance se produisit.

Exercices. — *Quels sentiments vous inspire l'histoire du siège de Metz ? Sans avoir fait encore l'histoire de notre temps, vous avez sans doute entendu parler d'un autre siège de Metz. Comparez-le à celui qu'on vous raconte ici. Quelle leçon tirerez-vous de cette comparaison ? Rappelez quand la ville de Calais avait été prise par les Anglais et dans quelles circonstances.*

Questionnaire. — 1. Quelle ville fut occupée par les Français et défendue contre Charles-Quint par le duc François de Guise ? — 2. Quelle ville Guise prit-il aux Anglais ? — 3. Que savez-vous du traité de Cateau-Cambrésis ? — 4. Quel voyageur a découvert l'Amérique ? Qui a trouvé la route des Indes ? A qui doit-on l'invention de l'imprimerie ? — 5. Qu'appelle-t-on la Renaissance ? — 6. Quels sont les Français célèbres de cette époque ?

LES FILS D'HENRI II — GUERRES DE RELIGION

1. **Les fils d'Henri II. François II, Charles IX, Henri III**, se succédèrent sur le trône. Ils se laissèrent diriger par leur mère **Catherine de Médicis.**

2. A cette époque, un moine allemand, **Luther**, et un Français, **Calvin**, demandèrent que la religion catholique fût réformée. Leurs partisans furent appelés **huguenots** ou **protestants.**

3. Au lieu de vivre en paix, les catholiques et les protestants se firent la guerre, malgré les efforts d'un homme de bien, le chancelier **Michel de l'Hôpital.** La France fut ensanglantée par ces luttes. En 1572 eut lieu, à Paris, le jour de la **Saint-Barthélemy**, un massacre des protestants.

4. Une association catholique, appelée la **Ligue**, se forma ensuite pour anéantir la religion réformée. Le chef de la Ligue, **Henri de Guise**, qui voulait se faire roi, fut assassiné par ordre d'Henri III, et celui-ci tomba à son tour sous le poignard du moine ligueur **Jacques Clément.**

RÉCITS

La Saint-Barthélemy. — Dans les guerres entre catholiques et protestants, les chefs des deux partis, François de Guise et le prince de Condé, furent assassinés. Catherine de Médicis fit faire ensuite un massacre général des seigneurs protestants. Dans la nuit du 24 août, fête de la Saint-Barthélemy, à un signal donné par la cloche de l'église Saint-Germain-l'Auxerrois, la foule se répandit dans les maisons des protestants pour les mettre à mort. Une des plus illustres victimes fut Gaspard de Coligny, le meilleur général du parti réformé. Un Allemand, nommé Besme, le tua d'un coup d'épée, tandis que son maître, le duc Henri de Guise, qui attendait dans la rue, s'impatientant, lui criait: « Besme, as-tu bientôt achevé? — C'est fait, répondit l'autre. — Alors jette-le par la fenêtre. » Et le cadavre vint s'abattre sur le pavé, où Henri de Guise le foula aux pieds.

Notes explicatives. — **Chancelier** : ministre de la justice. — **Vassy**, Haute-Marne. — **Blois**, Loir-et-Cher.—**Religion réformée**, religion protestante.

La Ligue. — Charles IX mourut peu après. Son successeur, Henri III, était moins hostile aux protestants. Les catholiques formèrent alors une association, dite la Ligue, qui songea bientôt à le détrôner pour mettre à sa place Henri de Guise. Les Parisiens reçurent même ce dernier comme un véritable roi, puis, bravant la colère d'Henri III, élevèrent des barricades avec des pavés, des poutres, des tonneaux, des charrettes renversées.

Une barricade.

Assassinat d'Henri de Guise et d'Henri III. — Henri III quitta alors Paris et résolut de se débarrasser du duc de Guise, dont la puissance venait de se révéler dans cette **journée des Barricades.** Il l'appela à Blois où se tenaient des États généraux. Là le duc fut assailli par quarante-cinq gentilshommes dans la chambre du roi. En se débattant il vint tomber au pied du lit royal et il expira sur l'heure. « Maintenant, je suis roi, cria joyeusement Henri III à sa mère. — Ce n'est pas le tout de tailler, répondit celle-ci, il faut recoudre. » A Paris l'indignation fut grande. On dit que, dans une procession, cent mille personnes éteignirent tout d'un coup leurs cierges en s'écriant : « Dieu, éteignez ainsi la race des Valois. » Un moine fanatique, Jacques Clément, voulut venger le duc. Il se présenta au camp de Saint-Cloud où Henri III se trouvait avec son cousin Henri de Navarre, et le frappa d'un coup de couteau dans le ventre. Le roi eut la force d'appeler à l'aide : « Le méchant moine, cria-t-il, il m'a tué. » Il arracha le fer de la plaie d'où les entrailles sortaient, et frappa au visage l'assassin, qui fut massacré par les gardes. Il mourut dans la nuit.

Résumé. — 1. Sous les successeurs d'Henri II, les guerres de religion ensanglantèrent la France.

2. Elles furent marquées par le massacre des protestants à la Saint-Barthélemy et l'assassinat des chefs des deux partis, François de Guise, Coligny, Henri de Guise et le roi Henri III.

Exercice. — *Dites ce que vous pensez des guerres de religion.*

Questionnaire. — 1. Quels furent les successeurs d'Henri II ? — 2. Par quelles luttes la France fut-elle troublée à leur époque ? — 3. Qui aurait voulu empêcher ces luttes ? Qu'est-ce que la Saint-Barthélemy ? — 4. Qu'appelle-t-on la Ligue ? Comment moururent Henri de Guise et Henri III ?

HENRI IV — (1589-1610)

1. Henri de Navarre, qui était le plus proche parent d'Henri III, voulut lui succéder sous le nom de **Henri IV**, mais les ligueurs ne le reconnurent pas. Il vainquit à **Arques** et à **Ivry** leur chef, le duc de Mayenne. Mais il ne put prendre Paris qui appartenait à ses adversaires. Il se fit alors catholique, voyant bien que les Français ne voudraient jamais d'un prince protestant. Dès lors il fut vraiment roi.

2. Il vainquit aussi les Espagnols qui soutenaient en France le parti catholique, et il mit fin aux guerres de religion en accordant, par **l'édit de Nantes** (1598), la liberté du culte protestant.

3. Aidé par son ministre **Sully**, il s'occupa ensuite de relever *l'agriculture, le commerce et l'industrie, ruinés* par toutes ces luttes civiles.

4. Il songeait aussi à combattre les descendants de Charles-Quint. Mais il n'eut pas le temps de mettre ces projets à exécution, car il fut assassiné en 1610 par un partisan de la Ligue nommé **Ravaillac**.

RÉCITS

Enfance d'Henri IV. — Henri IV était fils d'Antoine de Bourbon, roi de Navarre, et de Jeanne d'Albret. Il venait de naître quand son grand-père maternel le prit, dit-on, dans un pan de son manteau, lui frotta les lèvres avec une gousse d'ail et lui fit boire quelques gouttes de vin ; puis il se chargea de l'élever à la dure comme les montagnards de son pays. L'enfant apprit à escalader les rochers, à lutter avec les petits paysans de la contrée qui ne lui ménageaient pas

Henri IV enfant
escalade les rochers.

les coups, à supporter le froid et le chaud. Cette éducation bien comprise et les sages leçons de sa mère, la ferme et

---

Notes explicatives. — **Arques**, près de Dieppe, Seine-Inférieure. — **Ivry**, Eure. — **Nantes**, Loire-Inférieure.

vaillante **Jeanne d'Albret**, firent vite de lui un homme solide et vigoureusement trempé.

Henri IV à Ivry. — Sur le champ de bataille il fit preuve d'une bravoure éclatante. A Ivry, avant la lutte, il réunit ses compagnons pour *leur dire* : *« Si vos cornettes vous manquent, ralliez-vous à mon panache blanc ; vous le trouverez au chemin de la victoire et de l'honneur. »* D'ailleurs il était aussi humain que brave. Dans cette même journée d'Ivry il empêcha le massacre des ligueurs en criant : « Sauvez les Français et sus à l'étranger. »

Henri IV dans Paris. — Après son abjuration, Henri IV entra dans Paris, le 22 mars 1594, à sept heures du matin. Il n'y eut point d'effusion de sang. Lui-même avait pris soin d'empêcher tout pillage. On dit qu'avisant un soldat qui prenait par force du pain dans une boulangerie, il voulut le tuer. De toutes parts on l'acclama. Les Parisiens étaient, comme il le disait lui-même, « affamés de voir un roi. » Il permit aux Espagnols de se retirer sains et saufs, se bornant à leur dire en les voyant passer : « Mes compliments à votre maître, mais n'y revenez plus. » Bref, il gagna tous les cœurs par sa bienveillance. Il aimait d'ailleurs sincèrement son peuple et aurait voulu, disait-il plus tard, que chaque paysan « pût avoir sa poule au pot le dimanche ».

Assassinat d'Henri IV. — Le roi était sorti pour aller voir Sully malade. Son carrosse était ouvert de chaque côté à cause du beau temps. Il fut arrêté dans la rue de la Ferronnerie par un embarras de voitures. Aussitôt un certain Ravaillac monte sur une des roues du côté où était le prince et le frappe de deux coups de couteau. Henri expira presque immédiatement. L'assassin fut pris et mis à mort.

Résumé. — 1. Henri IV, vainqueur de la Ligue à Arques et à Ivry, mit fin aux guerres de religion par l'édit de Nantes (1598) et chassa définitivement les Espagnols de France.

2. Aidé par son ministre Sully, il répara les maux de la guerre civile. Il fut assassiné en 1610 par Ravaillac.

Exercices. — *Expliquez comme vous pourrez ce que c'est que d'être tolérant. Quel grand service Henri IV a t-il rendu à la France en faisant l'édit de Nantes ?*

Questionnaire. — 1. Quel prince devint roi après Henri III ? — Où vainquit-il les ligueurs ? — 2. Qu'est-ce que l'édit de Nantes ? — 3. Quel fut le ministre d'Henri IV ? — 4. Comment mourut Henri IV et quels étaient ses projets ?

Bayard au pont du Garigliano.

Bayard arme chevalier François Ier.

Mort de Bayard.

Un château Renaissance.

L'imprimerie.
François Ier chez l'imprimeur Estienne.

Christophe Colomb
débarque en Amérique.

La Saint-Barthélemy.
Meurtre de Coligny.
Assassinat du duc de Guise.
Henri IV à Ivry.
Entrée de Henri IV à Paris.
Assassinat de Henri IV.

CINQUIÈME PÉRIODE

1. De 1494 à 1515 la France fit les guerres d'Italie qui lui valurent le Milanais après la victoire de Marignan.

2. Ensuite eut lieu une longue lutte avec l'empereur Charles-Quint. Les Français, battus à Pavie, 1525 perdirent le Milanais, mais ils reprirent Calais et occupèrent Metz, Toul et Verdun.

3. Notre pauvre pays faillit alors être ruiné par les guerres de religion auxquelles heureusement Henri IV mit fin en accordant la liberté de conscience aux protestants (édit de Nantes 1598).

TABLEAU RÉCAPITULATIF

Les guerres d'Italie	Charles VIII (1483-1498) : conquête et perte du royaume de Naples ; bataille de Fornoue (1495). Louis XII (1498-1515) : bataille de Ravenne (1512). François Ier : victoire de Marignan (1515) ; acquisition du Milanais.
Lutte contre Charles-Quint et Philippe II	François Ier (1515-1547) : trahison de Bourbon ; défaite de Pavie (1525) ; traité de Madrid, perte du Milanais. Henri II (1547-1559) : siège de Metz ; prise de Calais ; traité de Cateau-Cambrésis (1559) : acquisition de Calais, Metz, Toul et Verdun. Les grandes découvertes et les grandes inventions ; la Renaissance.
Guerres de religion. François II, Charles IX, Henri III, Henri IV	La réforme (Luther et Calvin) ; guerres entre catholiques et réformés ; massacre de la Saint-Barthélemy (1572) ; la Ligue ; assassinat d'Henri de Guise et d'Henri III. Henri IV (1589-1610) ; victoires d'Arques et d'Ivry ; siège de Paris ; abjuration d'Henri IV ; l'édit de Nantes (1598) ; Sully : encouragements à l'agriculture. Assassinat de Henri IV (1610).

SIXIÈME PÉRIODE

Louis XIII et Louis XIV

La Monarchie absolue

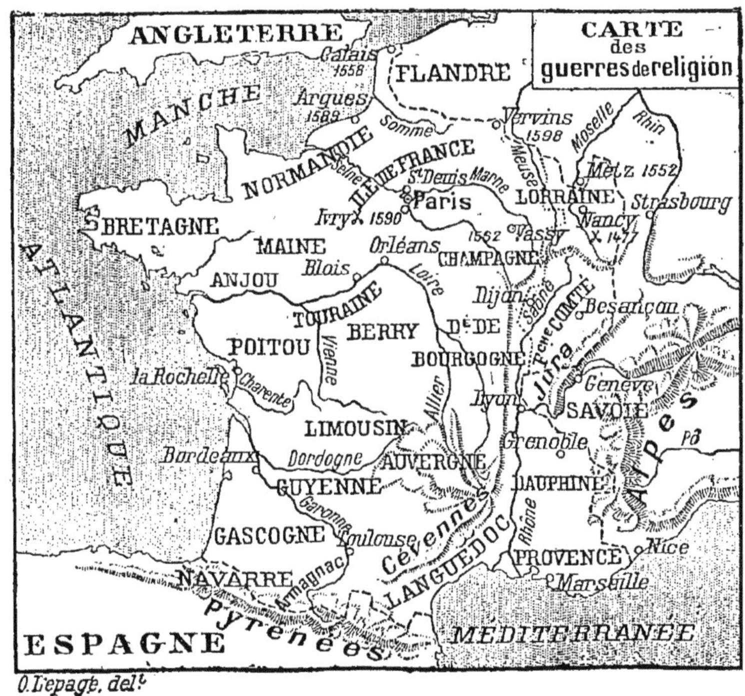

O. Lepage, del.

LOUIS XIII ET RICHELIEU (1610-1643)

1. Louis XIII étant mineur, la régence fut exercée par la reine mère Marie de Médicis, qui laissa son favori, l'Italien **Concini**, gaspiller les ressources du royaume.

2. Après le gouvernement, tout aussi médiocre, du duc de **Luynes**, le **cardinal de Richelieu** releva la France de l'état d'abaissement où elle était tombée.

3. Par la **prise de la Rochelle** (1628), il força les protestants révoltés à demander la paix. Il réprima ensuite les complots formés par quelques grands seigneurs, Chalais, Montmorency, Cinq-Mars.

4. Il prit part aussi à une **guerre**, dite de **Trente ans**, engagée entre les princes protestants d'Allemagne et l'Empereur. A sa mort, en 1642, nos armées étaient partout victorieuses.

RÉCITS

Gouvernement de Concini. — Concini, ayant épousé la sœur de lait de la reine, devint le favori de cette princesse et fut chargé du gouvernement. Il se borna à piller le trésor pour s'enrichir ou pour contenter l'avidité des grands qui voulaient, à son exemple, faire leur fortune. Au bout de six ans de ce régime, la France était ruinée et Louis XIII résolut de se débarrasser de Concini.

Louis XIII
promené sur un petit billard.

Assassinat de Concini. — Il donna des ordres pour le faire arrêter, poussé sans doute par son favori, Albert de Luynes. Le capitaine des gardes, Vitry, chargé de cette mission, préféra tuer le ministre, pensant bien qu'il ne serait pas désavoué. On dit que, à la nouvelle du meurtre, Luynes et quelques autres promenèrent triomphalement Louis XIII tout autour de son cabinet, sur un petit billard, comme s'il ne fût devenu véritablement roi que de ce jour.

Note explicative. — La Rochelle, Charente-Inférieure.

Prise de la Rochelle. — Après Concini et Luynes, la France eut enfin un grand ministre, le cardinal de Richelieu. Les protestants avaient pris les armes ; Richelieu assiégea leur principale ville, la Rochelle. Mais les habitants se défendirent bien, et le maire Guiton jura de poignarder le premier qui parlerait de se rendre. Richelieu bloqua alors la Rochelle par terre ; puis, pour empêcher les Anglais d'envoyer des secours, il fit construire, à l'entrée de la rade, une digue en pierres sèches, ouvrage gigantesque, exécuté en plein hiver et qui fermait toute communication avec la haute mer. Alors ce fut dans la ville une famine abominable. Guiton résista jusqu'au bout, disant : « Tant qu'il restera un homme en état de fermer les portes, c'est assez. » Il fallut néanmoins se rendre. Richelieu laissa aux protestants la liberté d'exercer leur culte.

Supplice du comte de Chalais. — Aux complots des grands Richelieu répondit par des supplices. Celui du comte de Chalais fut horrible, par la maladresse de l'exécuteur, qui s'y reprit à trente fois pour lui couper la tête.

Conspiration de Cinq-Mars. — Le comte de Cinq-Mars, favori du roi, avait fait alliance avec les Espagnols pour renverser le cardinal. Cette alliance était d'autant plus répréhensible que la France se trouvait alors en guerre avec l'Espagne. Richelieu se procura une copie du traité, qu'il mit sous les yeux de Louis XIII. Cinq-Mars fut arrêté avec son ami de Thou. Conduits lentement à Lyon, dans une barque qui remonta le Rhône à la suite de celle du cardinal alors malade, ils ne furent exécutés qu'au bout de plusieurs jours.

Résumé. — 1. Après le mauvais gouvernement des ministres Concini et Luynes, le cardinal de Richelieu résolut de remettre de l'ordre dans l'Etat.

2. Il força les protestants à l'obéissance par la prise de la Rochelle, réprima les révoltes des grands et fit une guerre heureuse contre la maison d'Autriche.

Exercices. — *Quels sentiments vous inspire l'histoire de Richelieu ? — Approuvez-vous la lutte contre les protestants et les rigueurs déployées contre les grands ? Dites à quels mobiles Richelieu obéissait.*

Questionnaire. —1. Par qui la régence fut-elle exercée à la mort de Henri IV? — 2. Comment et par qui la France fut-elle gouvernée après Concini ? — 3. Quelle est la ville dont Richelieu s'empara en 1628 et sur qui ? Comment Richelieu punit-il les complots des nobles ? — 4. A quelle guerre étrangère prit-il part ?

LOUIS XIV (1643-1715) — RÉGENCE D'ANNE D'AUTRICHE ET MINISTÈRE DE MAZARIN

1. La reine **Anne d'Autriche**, régente pendant la minorité de son fils, prit pour ministre le **cardinal de Mazarin**.

2. Après les victoires de **Rocroi**, de **Fribourg** et de **Lens**, le **traité de Westphalie** mit fin à la guerre de Trente ans et donna l'Alsace à la France (1648). Ce résultat était dû au génie de deux généraux, **Condé** et **Turenne**.

3. Mazarin fut ensuite obligé de soutenir une guerre civile, appelée la **Fronde**. Le pays fut de nouveau réduit à une extrême misère. Louis XIV, vainqueur de la Fronde, eut désormais un pouvoir absolu.

4. Le roi d'Espagne dut alors céder, par le **traité des Pyrénées**, l'Artois et le Roussillon, et sa fille Marie-Thérèse épousa Louis XIV (1659).

RÉCITS

La Fronde : journée des Barricades. — Le Parlement de Paris faisait de l'opposition à la Régente qui voulait augmenter les impôts. Mazarin donna l'ordre d'arrêter le conseiller Broussel, un des chefs de la résistance. Mais la servante de Broussel ameuta le peuple par ses cris. Aussitôt une grande agitation s'élève. Paul de Gondi, coadjuteur de l'archevêque de Paris (*plus connu sous le nom de cardinal de Retz*), très aimé dans la ville pour sa *générosité*, vient demander la mise en liberté de Broussel.

La servante de Broussel ameute le peuple.

Il est très mal reçu par Anne d'Autriche, qui déclare qu'elle aimerait mieux, plutôt que de rendre le prisonnier, « l'étrangler de ses propres mains ainsi que ceux qui... » Elle n'acheva pas, mais comme

Notes explicatives. Alsace, province à l'est de la France. — Artois, le dép. actuel du Pas-de-Calais. — Roussillon, le dép. des Pyrénées-Orientales. — Westphalie, prov. allemande. — Rocroi, Ardennes. — Fribourg, Allemagne.

en même temps, dans un geste de fureur, elle portait ses mains à la figure de Gondi, celui-ci comprit la pensée de sa souveraine. Aussitôt Paris se couvrit de barricades. « On voyait, dit Retz, des enfants de cinq à six ans le poignard à la main. Je vis entre autres une lance traînée plutôt que portée par un petit garçon de huit ans, qui était assurément de l'ancienne guerre des Anglais. » La reine dut rendre la liberté à Broussel. La guerre n'en éclata pas moins. On l'appelle la Fronde, du nom d'un jeu d'enfants.

Mathieu Molé. — Le président Mathieu Molé s'illustra par son courage dans ces tristes circonstances. Un jour, des gens du peuple armés l'entourent, l'appelant traître et le menaçant de lui faire un mauvais parti. Il les regarde froidement et leur dit : « Et après ! Quand vous m'aurez tué, il ne me faudra plus que six pieds de terre. »

Le combat du faubourg Saint-Antoine. — Turenne, chargé du commandement des troupes royales, et Condé, passé aux Frondeurs, se trouvèrent en présence aux portes de Paris dans le faubourg Saint-Antoine. Condé allait être vaincu. La Grande Mademoiselle, nièce d'Anne d'Autriche, le sauva. Cette princesse, célèbre par ses aventures, était du parti de la Fronde. Elle monte à cheval, parcourt les rues pour exciter le peuple à secourir Condé, fait tirer le canon de la Bastille sur les troupes royales qui reculent surprises, et obtient enfin que les Parisiens ouvrent leurs portes à l'armée des Frondeurs. Cette armée disparaît ainsi tout d'un coup, aux yeux des ennemis stupéfaits, et se trouve en sûreté dans la grande ville. La guerre n'en tourna pas moins à l'avantage du roi.

Résumé. — 1. Sous la régence d'Anne d'Autriche, Mazarin termina la guerre avec l'Autriche par le traité de Westphalie, qui donnait l'Alsace à la France (1648).

2. Il réprima ensuite une révolte des grands, appelée la Fronde, combattit l'Espagne et, par le traité des Pyrénées (1659), acquit de ce pays l'Artois et le Roussillon.

Exercices. — *Comment la Fronde a-t-elle pu avoir pour conséquence l'établissement de la royauté absolue ? Comparez la Fronde avec la Ligue, autre guerre civile célèbre, et montrez les différences.*

Questionnaire. — 1. Qu'était-ce qu'Anne d'Autriche ? Quel fut son ministre ? — 2. Par quel traité se termina la guerre contre l'Allemagne ? Quelle province nous fut cédée par ce traité ? — 3. Qu'est-ce que la Fronde ? — 4. Quelles provinces le traité des Pyrénées donna-t-il à la France ?

GOUVERNEMENT INTÉRIEUR DE LOUIS XIV

1. Louis XIV fut servi par de grands ministres, Colbert et Louvois.

2. **Colbert** prit de bonnes mesures en faveur du peuple, créa des voies de communication pour faciliter le commerce, notamment le **canal du Midi** qui unissait l'Océan à la Méditerranée.

3. Il développa l'industrie française et accrut nos possessions coloniales. Les Français, à son époque, s'établirent dans l'Inde et dans le bassin du Mississipi.

4. **Louvois** fut le véritable créateur de l'armée française, et il fit bâtir les Invalides pour donner asile aux soldats blessés. En même temps, un grand ingénieur, **Vauban**, couvrit nos frontières de places fortes.

RÉCITS

Misère du peuple. — La guerre étrangère et les luttes civiles amenèrent une misère effroyable dont les contemporains nous ont retracé le tableau. Les paysans étaient réduits à brouter l'herbe comme les animaux ou à ronger l'écorce des arbres. Les plus heureux se nourrissaient de grenouilles, de limaçons. « On craint, dit un gouverneur de province, qu'ils ne déterrent les morts pour s'en repaître. » Aux environs de Paris, chaque jour il en mourait de faim plusieurs centaines. Un prêtre, saint Vincent de Paul, s'illustra par sa charité dans ces tristes années.

Louis XIV à Versailles. — Pendant ce temps, Louis XIV dépensait des millions pour construire le château de Versailles, dans un endroit triste, marécageux, et mal choisi. Là il nourrissait à sa cour des milliers de nobles qui se disputaient les pensions et les faveurs. L'argent de la France aurait pu être mieux employé.

Procès de Fouquet. — Les ministres, de leur côté, s'enrichissaient aux dépens du trésor. Fouquet, chargé de l'administration des finances, se fit construire, avec le produit de ses vols, un château qui lui coûta plus de neuf millions (ce qui ferait bien quarante millions d'aujourd'hui). Louis XIV fut indigné à juste titre. Il avait été aussi blessé dans son orgueil par la devise insolente de Fouquet, un écureuil grim-

pant à un arbre avec ces mots : « Où ne monterai-je pas ? »
Il fit donc arrêter le ministre, qui finit ses jours en prison.

Colbert et les paysans. — Cet acte de justice était
dû à Colbert, qui remplaça Fouquet comme ministre des
finances. Colbert aimait sincèrement
le peuple. Il écrivait au roi : « Ce
qu'il y a de plus important, c'est
la misère très grande des peuples. »
Un jour il s'écria : « Je voudrais
que l'abondance régnât dans le
royaume, que tout le monde y

Ville fortifiée par Vauban.

fût content, et que, sans emplois, sans dignités, éloigné de
la cour et des affaires, l'herbe crût dans ma cour ». Et encore :
« Je déclare à Votre Majesté qu'un repas inutile de trois mille
livres me fait une peine incroyable, et lorsqu'il est question
de millions d'or pour la grandeur de la France, je vendrais
tout mon bien, j'engagerais (je vendrais) ma femme et mes
enfants, et j'irais à pied toute ma vie, s'il était nécessaire. »

Louvois. — En même temps Louvois réorganisait l'armée. Une des belles créations de ce ministre fut l'*Hôtel
des Invalides*, construit pour recevoir les vieux soldats, devenus incapables de gagner leur vie. Autrefois, ces malheureux, blessés pourtant au service de la France, étaient réduits
à vivre de la charité publique. Désormais leur existence fut
assurée d'une manière honorable.

Résumé. — 1. Deux grands ministres, Colbert et Louvois, contribuèrent par leurs réformes à la grandeur de la France.

2. Colbert développa l'industrie, le commerce, accrut les colonies. Louvois réorganisa l'armée et, aidé par Vauban, mit les
frontières en état de défense.

Exercices. — *Dans un pays où le peuple gouverne lui-même,
des maux comme ceux qu'on vient de décrire seraient-ils possibles?
— La guerre civile peut-elle avoir lieu ? (Non, puisque tout le
monde obéit à la loi que le peuple a faite lui-même. Sous un roi
despote il n'y a pas de loi. Le souverain fait ce qu'il veut, mais
n'est obéi que s'il est fort.) Des dépenses inutiles comme celle de
Versailles ne seraient-elles pas empêchées ? — Tirez la conclusion.*

Questionnaire. — 1. Quels furent les ministres de Louis XIV ? — 2. Quelles
mesures prit Colbert pour développer le commerce et l'industrie de la France ? —
3. Dans quels pays étrangers les Français s'établirent-ils à cette époque ? —
4. Qu'était-ce que Louvois et Vauban et que firent-ils ?

LES GUERRES D'ESPAGNE ET DE HOLLANDE

1. Louis XIV, en vertu de son mariage avec Marie-Thérèse, aurait voulu acquérir les Pays-Bas, qui appartenaient à l'Espagne. Il fit la guerre à cette puissance et, par le **traité d'Aix-la-Chapelle,** il obtint une partie de la Flandre (1668).

2. Il attaqua ensuite les Hollandais, hostiles à son projet de conquête des Pays-Bas. Après le **passage du Rhin** par Condé, la Hollande fut envahie (1672).

3. Le chef des Hollandais, **Guillaume d'Orange,** s'unit alors avec les Espagnols, et les Allemands. Les armées françaises finirent néanmoins par triompher, malgré la mort de Turenne à **Salzbach.**

4. Le **traité de Nimègue** (1678) donna à Louis XIV le reste de la Flandre et la Franche-Comté. Dans cette guerre s'étaient signalés les généraux **Créqui, Luxembourg** et le marin **Duquesne.**

RÉCITS

Le passage du Rhin. — Pour pénétrer en Hollande il fallait franchir le Rhin. Des gens du pays désignèrent à Condé un endroit où le fleuve était guéable. En réalité, il ne l'était pas entièrement. Il y avait au milieu un large espace, assez profond, qu'il fallait franchir à la nage. Mais nos soldats s'élancèrent dans les flots sans se laisser arrêter par la difficulté. Protégés par l'artillerie, ils arrivèrent, non sans grosses pertes, sur l'autre rive et, avec leur impétuosité ordinaire, dispersèrent facilement les troupes hollandaises.

Guillaume d'Orange. — Le jeune général des Hollandais, Guillaume d'Orange, fit preuve alors d'un grand patriotisme. Il arrêta les progrès de l'armée française par la rupture des digues qui protègent la Hollande contre la mer du Nord. Les eaux envahirent la campagne ; on put voir les navires à l'ancre dans les plaines inondées et, devant cet ennemi imprévu, il fallut bien reculer. Les récoltes furent ruinées ; mais le pays était sauvé.

Notes explicatives. — **Aix-la-Chapelle** et **Salzbach**, Allemagne. — **Flandre**, au nord, et **Franche-Comté**, à l'est de la France.

La campagne d'Alsace. — Turenne, qui commandait une armée envoyée contre les Allemands, fut attaqué par des forces dix fois supérieures. Il reçut de Louis XIV l'ordre d'abandonner l'Alsace ; mais il répondit : « Quand on a un nombre raisonnable de troupes, on ne quitte pas un pays, encore que l'ennemi en ait beaucoup davantage... Je prends tout sur moi. » Pour tromper ses adversaires, il feignit cependant de battre en retraite. Il repassa les Vosges comme s'il se retirait sur Paris, fit longer les montagnes à ses soldats par des sentiers affreux, en plein hiver, rentra en Alsace par le sud, tomba sur les Allemands qui le croyaient bien loin, et en quelques jours les rejeta au delà du Rhin. Son retour à Paris fut marqué par les acclamations de la France sauvée. Mais il était modeste et, devant ces cris de joie de tout un peuple, il eut seulement « l'air un peu plus honteux qu'il n'avait accoutumé d'être ».

Mort de Turenne.

Mort de Turenne. — Il attira ensuite les ennemis dans une position où il était sûr de les battre : « Je les tiens, ils ne m'échapperont plus, » s'écria-t-il avec joie. Il inspectait une batterie d'artillerie quand un boulet le frappa en plein corps. Il tomba de cheval, se traîna la longueur d'un pas et mourut. La consternation fut générale : « On dit, écrit Mme de Sévigné, que les soldats faisaient des cris qui s'entendaient à plus de deux lieues, qu'ils voulaient venger la mort de leur père, de leur général, de leur protecteur. »

Résumé. — 1. Par deux guerres heureuses, contre l'Espagne et la Hollande, Louis XIV acquit la Flandre et la Franche-Comté aux traités d'Aix-la-Chapelle (1668) et de Nimègue (1678).

2. La frontière de la France fut ainsi considérablement étendue au nord et à l'est.

Exercices. — *Comparez Turenne aux généraux que vous avez déjà vus dans l'histoire. — Comment expliquez-vous qu'un petit pays comme la Hollande ait résisté à Louis XIV ?*

Questionnaire. — 1. Pourquoi Louis XIV fit-il la guerre à l'Espagne ? Quel traité termina cette guerre ? — 2. A qui la guerre fut-elle ensuite déclarée ? — 3. Quel grand général français fut tué dans la guerre de Hollande ? — 4. Quelles furent les acquisitions de la France au traité de Nimègue ? — Quels généraux et quel amiral s'illustrèrent dans cette lutte ?

RÉVOCATION DE L'ÉDIT DE NANTES — GUERRE DE LA LIGUE D'AUGSBOURG

1. Vainqueur de l'Europe, Louis XIV se crut tout permis. En pleine paix il réunit à la France plusieurs villes étrangères, parmi lesquelles **Strasbourg (1681)**.

En 1685 il **révoqua l'édit de Nantes** et interdit l'exercice du culte protestant.

2. Il se fit ainsi beaucoup d'ennemis que Guillaume d'Orange, devenu roi d'Angleterre sous le nom de Guillaume III, unit contre lui. Ce fut la **guerre de la Ligue d'Augsbourg (1688)**.

3. Malgré les succès des armées françaises, le **traité de Ryswick**, qui termina cette guerre en 1697, ne fut pas très avantageux pour la France, car il lui enleva les Pays-Bas dont elle s'était emparée.

4. Louis XIV avait signé ce traité parce que la succession d'Espagne allait s'ouvrir, et qu'il s'apprêtait à la réclamer. Il importait qu'il eût les mains libres.

5. La guerre de la Ligue d'Augsbourg mit en relief la science et l'héroïsme des généraux **Catinat, Luxembourg**, et des marins **Tourville** et **Jean Bart**.

RÉCITS

La Révocation de l'édit de Nantes. — Louis XIV aurait voulu que le catholicisme fût la seule religion du royaume. Il disait qu'il ne fallait à la France qu'« une loi, une foi, un roi ». Il essaya d'abord d'amener les protestants à se convertir à prix d'argent. La misère était telle que quelques-uns y consentirent, parfois pour des sommes infimes. (Il y eut, dit-on, des conversions pour six francs.) Mais la grande majorité des protestants demeura fidèle à son culte. Le ministre de la guerre, Louvois, usa alors de violence à leur égard et inventa les **dragonnades**. Il envoyait loger chez les principaux protestants des dragons ou « missionnaires bottés », comme on disait, avec permission de faire tout ce qu'ils voudraient. On juge si ces soldats usèrent de la permission. Les

---

Notes explicatives. — Strasbourg, Alsace. — Augsbourg, Bavière. — Ryswick, Hollande. — **La Hogue**, Manche. — **Dunkerque**, Nord.

protestants, pillés et brutalisés, furent bien obligés de renier leur foi. La terreur inspirée par les dragons était telle qu'à leur approche les villes se convertissaient en masse. Louis XIV, persuadé alors qu'il n'y avait plus de protestants en France, révoqua l'édit de Nantes. Ce fut une perte énorme pour notre pays, car plus de 300.000 protestants, tous riches et laborieux, s'exilèrent et allèrent porter à l'étranger avec leur argent les secrets de l'industrie française.

Jean Bart. — Un hardi marin, Jean Bart, se signala par ses exploits. Un jour, avec six petits navires, il attaque huit gros bâtiments hollandais qui avaient capturé un convoi. Il en prend trois à l'abordage, disperse les autres et ramène le convoi. Une autre fois, avec sept frégates, il

Jean Bart à Versailles.

passe à travers vingt vaisseaux ennemis qui bloquaient Dunkerque, capture six navires de guerre et trente bâtiments marchands. En revenant, il tombe au milieu d'une escadre ennemie deux fois plus nombreuse. Il doit brûler ses prises, mais parvient à s'échapper; après quoi il passe encore au milieu d'une autre flotte et rentre tranquillement à Dunkerque. Louis XIV, émerveillé, voulut le voir à Versailles. La légende veut que le brave marin s'y soit promené, fumant sa pipe avec sérénité, au grand scandale des courtisans, qui auraient volontiers donné cours à leur envie de rire s'il ne les eût regardés, à peu près de la même façon qu'il fixait les Anglais au moment de l'abordage.

Résumé. — 1. La réunion de Strasbourg (1681) et la révocation de l'édit de Nantes (1685) amenèrent la guerre de la Ligue d'Augsbourg.

2. Malgré de grands succès, cette guerre fut peu avantageuse pour Louis XIV, qui ne put garder les Pays-Bas dont il s'était emparé.

Exercices.— *Petit problème de morale: que faut-il penser de la révocation de l'édit de Nantes? — Justifiez votre opinion.*

Questionnaire. — 1. Quelle est la ville que Louis XIV réunit en 1681 ? Comment traita-t-il les protestants ? — 2. Quelle guerre fit-il en 1688 ? — 3. Quel traité termina cette guerre ? — 4. Pourquoi Louis XIV avait-il signé ce traité ? — 5. Généraux et marins célèbres de cette époque.

GUERRE DE LA SUCCESSION D'ESPAGNE

1. Le roi d'Espagne, mort sans enfants en 1700, avait désigné pour son héritier le duc d'Anjou, petit-fils de Louis XIV, qui prit le nom de Philippe V. L'Europe se montra effrayée de voir un prince français régner à Madrid. Louis XIV, au lieu de la rassurer, sembla prendre à tâche de la braver, et une guerre, dite de la **Succession d'Espagne**, s'ensuivit avec l'Angleterre, la Hollande, l'Allemagne.

2. Les Français furent d'abord vaincus un peu partout, en Italie, en Allemagne, dans les Pays-Bas. Louis XIV demanda même la paix qui lui fut refusée.

3. Les victoires de Vendôme à **Villaviciosa (1710)** et de Villars à **Denain** (1712) amenèrent enfin le **traité d'Utrecht** (1713).

4. Philippe V restait roi d'Espagne ; mais Louis XIV cédait à l'Angleterre une partie de nos colonies, l'Acadie et Terre-Neuve. La France n'a gardé depuis lors que le droit de pêcher la morue sur les bancs de Terre-Neuve.

RÉCITS

Le duc d'Anjou roi d'Espagne. — Louis XIV hésita longtemps à accepter la couronne d'Espagne pour son petit-fils, car il craignait que cette acceptation ne fût le signal d'une guerre européenne. Quand il eut enfin pris sa décision, il présenta le jeune prince à toute la cour en disant : « Messieurs, voici le roi d'Espagne ; » puis, se tournant vers lui, il ajouta : « Soyez bon Espagnol, c'est présentement votre premier devoir ; mais souvenez-vous que vous êtes né Français, pour entretenir l'union entre les deux nations ; c'est le moyen de les rendre heureuses, et de conserver la paix de l'Europe. » On a prétendu à tort qu'il avait dit aussi : « Il n'y a plus de Pyrénées, » pour signifier qu'il n'y avait plus désormais de barrière entre la France et l'Espagne.

Villeroi à Crémone. — La guerre qui s'ensuivit fut très malheureuse. M. de Villeroi, général incapable, se laissa

---

Notes explicatives. — Villaviciosa, Espagne. — Malplaquet et Denain, dép. du Nord. — Utrecht, Hollande. — L'Acadie et **Terre-Neuve**, Amérique du Nord. — **Bellone**, déesse de la guerre, chez les anciens.

prendre dans la ville de Crémone en Italie ; mais les ennemis ne purent garder cette ville. On fit alors la chanson suivante :

> Français, rendez grâce à Bellone ;
> Votre bonheur est sans égal :
> Vous avez conservé Crémone
> Et perdu votre général.

Fermeté de Louis XIV. — Louis XIV demanda la paix. On ne voulut la lui accorder que s'il détrônait lui-même son petit-fils. Il répondit : « Puisqu'il faut faire la guerre, j'aime mieux la faire à mes ennemis qu'à mes enfants, » et il confia sa dernière armée au maréchal de Villars en disant : « Si la fortune est contraire, j'irai ramasser tout ce que j'aurai de troupes, faire un dernier effort avec vous, et périr ensemble ou sauver l'Etat ; car je ne consentirai jamais à laisser approcher l'ennemi de ma capitale. »

Louis XIV confie
sa dernière armée à Villars.

Victoire de Denain. — L'armée était d'ailleurs animée du plus beau dévouement. En voici la preuve. A Malplaquet, les soldats de Villars, qui n'avaient pas mangé depuis l'avant-veille, venaient à peine de recevoir leurs rations quand l'ennemi les attaqua. Ils les jetèrent aussitôt pour aller plus vite à la bataille. Avec de tels hommes, on pouvait tout. Aussi Villars remporta-t-il à Denain une grande victoire qui rendit les ennemis plus traitables.

Résumé. — 1. La guerre de la Succession d'Espagne, marquée d'abord par des revers, fut terminée honorablement grâce à la victoire de Denain (1712).

2. Le traité d'Utrecht (1713) laissa l'Espagne à Philippe V, petit-fils de Louis XIV, mais il nous fit perdre une partie de nos colonies d'Amérique, notamment Terre-Neuve.

Exercices. — *Vous expliquez-vous comment un roi d'Espagne pouvait léguer son pays à un prince étranger ? (on le considérait comme propriétaire de son royaume). — En serait-il de même aujourd'hui ? Ne consulterait-on pas les populations ? Expliquez ce changement. Que pensez-vous de la conduite de Louis XIV au milieu des désastres de la France ?*

Questionnaire. — 1. Qu'est-ce que la guerre de la Succession d'Espagne et quelle en fut la cause ? Contre quelles puissances la France eut-elle à lutter ? — 2. Les Français furent-ils d'abord victorieux ? — 3. Quels succès remportèrent Vendôme et Villars ? Quel est le traité qui mit fin là la guerre ? — 4. Quelles furent les conditions du traité ?

LES RÉSULTATS DU RÈGNE DE LOUIS XIV
LES LETTRES
LES ARTS

1. Louis XIV en mourant (1715) laissait la France agrandie de plusieurs provinces, l'Alsace, l'Artois, le Roussillon, la Franche-Comté ; mais les populations étaient ruinées par les guerres incessantes et les dépenses exagérées du roi.

2. Cette époque fut grande cependant par les lettres et les arts. Corneille, Racine, Molière, Boileau, La Fontaine, Descartes, Pascal, La Bruyère, Mme de Sévigné, Saint-Simon, les grands orateurs religieux Bossuet et Fénélon illustrèrent alors notre pays.

3. Il y eut également des savants célèbres, Descartes et Pascal, et de grands artistes parmi lesquels les peintres Poussin, Le Sueur, Claude Lorrain, Lebrun, Mignard, le sculpteur Puget, les architectes Claude Perrault et Mansart.

RÉCITS

Mort de Louis XIV. — Les dernières années de Louis XIV furent tristes. Il vit mourir presque tous les membres de sa famille et il ne lui resta plus bientôt pour héritier de sa couronne qu'un arrière-petit-fils âgé de cinq ans. Il tomba malade au commencement du mois d'août 1715, éprouvant une grande douleur à la jambe qui enfla bientôt et où la gangrène se mit. Le 26 août au soir, se sentant fort mal, il se prépara à bien mourir. Après avoir exprimé le regret de ses fautes, il se fit amener le petit dauphin et lui donna ses dernières instructions. « Mon enfant, lui dit-il, vous allez être un grand roi ; ne m'imitez pas dans le goût que j'ai eu pour les bâtiments, ni dans celui que j'ai eu pour la guerre ; tâchez, au contraire, d'avoir la paix avec vos voisins... Suivez

---

Notes explicatives. — Louis XIV avait épousé secrètement Mme de Maintenon après la mort de Marie-Thérèse. — **Descartes** et **Pascal** furent des savants illustres en même temps que de grands écrivains. — **Saint-Simon**, auteur de *Mémoires* célèbres.

toujours les bons conseils, tâchez de soulager vos peuples, ce que je suis assez malheureux pour n'avoir pu faire. » Il prit ensuite les dernières dispositions pour quand il serait mort.

Le lendemain il allait plus mal, mais il avait encore sa connaissance. « Il fit le matin une amitié à Mme de Maintenon qui ne lui plut guère, et à laquelle elle ne répondit pas un mot. Il lui dit que ce qui le consolait de la quitter était l'espérance, à l'âge où elle était, qu'ils se rejoindraient bientôt. » Il vit dans le miroir de sa cheminée deux garçons de sa chambre, assis au pied de son lit, qui pleuraient. Il leur dit : « Pourquoi pleurez-vous ? est-ce que vous m'avez cru immortel ? »

C'est le dimanche 1er septembre qu'il mourut, à huit heures un quart du matin ; il avait soixante-dix sept ans moins trois jours et son règne avait duré soixante-douze ans. Malgré ses grandes qualités, il ne fut pas regretté de son peuple, qui fit même des feux de joie pendant qu'on l'enterrait. Il laissait en effet la France ruinée.

Détresse générale. — Dans les dernières années du règne de Louis XIV, la misère avait été effroyable en France, surtout pendant l'hiver de 1709 qui fut particulièrement rigoureux. Cette année-là, en effet, les rivières gelèrent ; la mer elle-même fut prise par les glaces jusqu'à une lieue des côtes. On vit des bandes de mendiants essayer de forcer les grilles du parc de Versailles en criant : « Du pain ! » Les domestiques du roi ne touchaient plus leurs gages et demandaient l'aumône aux portes du château. La famille royale elle-même mangeait du pain d'avoine, pour épargner le blé.

Résumé. — 1. Louis XIV laissait en mourant la France agrandie de plusieurs provinces, mais ruinée.

2. Son époque, glorieuse par les succès militaires, le fut aussi par les lettres et les arts.

Exercices. — *Appréciez le règne de Louis XIV.* — *A quoi attribuez-vous les résultats fâcheux de ce règne ? (Conséquence naturelle du despotisme ; expliquez pourquoi un roi absolu à qui rien ne résiste, est incapable de bien gouverner.) — Dites ce qu'il faut entendre par un roi absolu. — Savez-vous s'il y a encore aujourd'hui des gouvernements absolus en Europe ?*

Questionnaire. — 1. Quels ont été les résultats du règne de Louis XIV ? Quelles provinces furent réunies sous ce règne ? — 2. Citez les principaux écrivains du temps. — 3. Quels furent les savants et les artistes célèbres ?

Digue de la Rochelle.
Le maire de la Rochelle jure de ne pas se rendre.
La Grande Mademoiselle parcourt les rues pour exciter le peuple à secourir Condé.
Le passage du Rhin.
Les dragonnades.
Louis XIV présente à la cour

Château de Versailles.

La cour.

Misère du peuple.

Le peuple fait des feux de joie pendant qu'on enterre Louis XIV.

SIXIÈME PÉRIODE

1. Richelieu, en détruisant les protestants comme parti politique et en réduisant les grands à l'obéissance, rendit l'autorité royale à peu près absolue.

2. Après la victoire de la royauté sur la Fronde, cette autorité ne rencontra plus de résistance.

3. Louis XIV fit choix de deux ministres habiles, Colbert et Louvois, qui donnèrent au royaume une grande prospérité matérielle et le premier rang en Europe.

4. Mais il aimait trop la guerre. Aussi laissa-t-il, à sa mort, la France épuisée et ruinée.

TABLEAU RÉCAPITULATIF

Louis XIII (1610-1643)

Régence de Marie de Médicis. Richelieu (1624) : prise de la Rochelle ; complots de Chalais, de Montmorency , de Cinq - Mars ; guerre de Trente ans.

Louis XIV (1643-1715)

Régence d'Anne d'Autriche : Mazarin ; batailles de Rocroy , de Fribourg et de Lens ; traité de Westphalie (1648). Guerre contre l'Espagne ; traité des Pyrénées (1659).

Colbert (création de l'industrie française) ; Louvois (création de l'armée française) ; Vauban (mise en état de défense du royaume).

Guerre contre l'Espagne ; traité d'Aix-la-Chapelle (1668).

Guerre de Hollande ; passage du Rhin ; mort de Turenne à Salzbach ; traité de Nimègue (1678).

Réunion de Strasbourg (1681) ; révocation de l'édit de Nantes (1685).

Guerre de la ligue d'Augsbourg ; traité de Ryswick (1697).

Guerre de la succession d'Espagne : victoires de Villaviciosa et de Denain ; traité d'Utrecht (1713).

SEPTIÈME PÉRIODE

La décadence

de la Monarchie

LOUIS XV (1715-1774) — LA RÉGENCE — FLEURY

1. Pendant la minorité de Louis XV, la régence fut exercée par son oncle le duc d'Orléans (1715-1723).

2. Cette époque ne fut ni heureuse ni glorieuse pour la France. L'Écossais **Law**, favori du Régent, fit des réformes financières qui ne réussirent pas, et l'**abbé Dubois**, ministre des affaires étrangères, sacrifia les intérêts de notre pays à l'alliance de l'Angleterre.

3. **Fleury** fit la guerre de la **Succession de Pologne** pour soutenir le beau-père du roi, Stanislas Leczinski.

4. Dans cette guerre, les Autrichiens furent vaincus et, à défaut de la Pologne, le **traité de Vienne** (1738) donna la Lorraine à Stanislas Leczinski, à condition qu'à sa mort cette province revînt à la France.

5. Fleury commença ensuite la guerre de la **Succession d'Autriche**. Quand il mourut (1743), cette guerre tournait assez mal pour la France.

RÉCITS

L'éducation de Louis XV. — Le maréchal de Villeroi avait été chargé de l'éducation de Louis XV. Général incapable, il ne pouvait lui apprendre à gagner des batailles. Courtisan, il devait donner au jeune prince les plus détestables leçons. C'est ainsi qu'un jour, lui montrant la foule massée devant le château de Versailles, il lui dit : « Sire, tout ce peuple est à vous, » ce qui signifiait : « vous pouvez en disposer comme vous voulez et vous n'avez de compte à rendre à personne. » Louis XV devait malheureusement faire trop son profit de cette détestable maxime.

Ce peuple est à vous.

Law : la rue Quincampoix. — Pour développer le commerce, Law créa une banque et une Compagnie chargée

---

Notes explicatives. — **Danzig**, aujourd'hui en Prusse. — **Vienne** et **Prague**, Autriche.

d'exploiter les mines d'or du Mississipi. Ces mines n'existaient pas; mais le public, trompé, voulut à toute force obtenir des actions de la Compagnie. Tout le monde en demandant, ces actions, émises à cinq cents francs au début, furent vendues vingt mille et, pour en avoir, on s'étouffait dans la rue Quincampoix où étaient les bureaux de Law. Là on voyait réunies toutes les classes de la société : nobles, grandes dames, prêtres, soldats, ouvriers, gagnés par la fièvre de l'or. Comme on manquait de table pour écrire, un bossu prêta son dos ; il gagna 150.000 francs à ce métier. Seulement il fallut bien s'apercevoir un beau jour que la Société n'exploitait pas de mines, puisqu'il n'y en avait pas, et alors les actions perdirent toute leur valeur. Ce fut une ruine générale.

Chevert à Prague. — Une femme, Marie-Thérèse, avait hérité de l'Autriche. Les Français voulurent profiter de sa faiblesse et, avec l'appui de la Prusse, lui déclarèrent la guerre. Une armée prit Prague en Bohême ; mais, mal soutenue, elle fut assiégée à son tour. Elle parvint à se retirer, laissant dans la place, sous le commandement d'un brave officier, Chevert, 4.000 hommes, qui, malades ou blessés, n'avaient pu suivre. Chevert disposa tant bien que mal ses quatre mille hommes sur les remparts, puis fit dire aux ennemis qu'il avait sous ses ordres d'excellentes troupes, valides et courageuses, et que si on ne lui accordait pas le droit de se retirer avec les honneurs de la guerre, il mettrait le feu à la ville et s'ensevelirait sous ses ruines. Le général ennemi, trompé et effrayé, accorda tout. On juge de sa colère quand, au lieu de la magnifique armée qu'il croyait, il vit défiler de malheureux éclopés, qui pouvaient à peine se traîner.

Résumé. — 1. Sous la Régence l'échec des réformes tentées par le financier Law et la politique sans patriotisme de Dubois compromirent la situation, déjà mauvaise, de la France.

2. La guerre de la Succession de Pologne, entreprise par le ministre Fleury, prépara du moins la réunion de la Lorraine (1738).

Exercices. — *Connaissez-vous des régences dans l'histoire de France ? Rappelez les principales et voyez si elles ne présentent pas le même caractère (faiblesse de l'autorité royale).*

Questionnaire. — 1. Par qui la régence fut-elle exercée pendant la minorité de Louis XV ? — 2. Qu'est-ce que Law et Dubois ? — 3. Quelle fut la guerre faite sous le ministère de Fleury ? Quel profit la France retira-t-elle de cette guerre ? — 4. Quelle guerre Fleury entreprit-il ensuite ?

LOUIS XV — CHOISEUL

Malgré la victoire du maréchal de Saxe à **Fontenoy** (1745), Louis XV ne retira aucun profit de la guerre de la **Succession d'Autriche**.

2. Il fit ensuite, contre la Prusse et l'Angleterre, la guerre de **Sept ans**, qui fut malheureuse pour les armes françaises.

3. En 1763, le **traité de Paris** donna aux Anglais nos colonies de l'Inde et du Canada.

4. Le ministre Choiseul essaya de réparer ces pertes. Il réunit à la France l'île de **Corse** ; mais Louis XV renvoya ce bon serviteur pour plaire aux courtisans.

RÉCITS

Bataille de Fontenoy. — La bataille fut longtemps indécise. Une colonne anglaise menaçait le centre de l'armée française. Longtemps elle avança en bon ordre, malgré les décharges de notre artillerie qui, à chaque coup, couchaient des rangs entiers par terre, et bientôt elle ne fut plus qu'à cinquante pas des lignes françaises. Alors les officiers anglais saluèrent. Les nôtres se découvrirent aussi ; puis le commandant ennemi cria : « Messieurs les gardes-françaises, tirez. » On lui répondit de notre côté : « Messieurs, nous ne tirons jamais les premiers ; tirez vous-mêmes. » Les Anglais ne se le firent pas dire deux fois et, profitant de cette générosité hors de propos, ils exécutèrent un feu roulant qui décima notre infanterie et la contraignit à la retraite. La bataille était perdue quand le maréchal de Saxe donna l'ordre de pointer quatre canons, tenus en réserve, sur la colonne anglaise, qu'il fit rompre en même temps par une charge furieuse de cavalerie. La victoire lui resta.

Messieurs les Anglais, tirez les premiers.

Les Français dans l'Inde. — Dupleix avait projeté de donner l'Inde à la France en profitant des querelles des

Notes explicatives. — Fontenoy, Belgique. — **Québec**, Canada.

princes du pays. Il y réussit, mais les Anglais l'attaquèrent. Il soutint contre eux un siège merveilleux dans **Pondichéry**. Malheureusement le gouvernement français n'osa pas le soutenir. Il fut donc rappelé et mourut dans la misère, demandant en vain qu'on lui rendît au moins une partie des sept millions qu'il avait dépensés, de sa fortune personnelle, pour la France. Son successeur, Lally-Tollendal, fut encore plus malheureux. Brave soldat, coupable uniquement d'avoir été vaincu, il fut condamné à mort, conduit au supplice avec un bâillon dans la bouche et exécuté.

Montcalm. — Au Canada, le marquis de Montcalm fit des prodiges. Mais il n'avait pas assez de troupes. Son lieutenant Bougainville vint demander en France des renforts. Il reçut du ministre de la guerre cette réponse surprenante : « Eh ! Monsieur, quand la maison brûle, on ne s'occupe pas des écuries. » Les Français, en effet, étaient alors battus en Allemagne. Bougainville, sans se déconcerter, répondit : « On voit, monsieur le ministre, que vous ne parlez pas comme un cheval. » Montcalm, abandonné, fit une noble résistance jusqu'au jour où, attaqué près de **Québec** par des forces supérieures, il fut blessé mortellement. Il expira en disant qu'il était heureux de mourir avant d'avoir vu la prise de Québec. Auparavant il avait encore eu la force de recommander ses soldats à la générosité du vainqueur. On l'a glorifié du nom de « grand vaincu ». Pendant que ses soldats mouraient ainsi pour lui, Louis XV perdait son temps dans les plaisirs, et quand on lui disait que les Français étaient las de ce régime et pourraient bien un jour renverser la royauté, il répondait avec insouciance : « Bah ! cela durera toujours bien autant que nous. Après nous le déluge ! »

Résumé. — **1. La guerre de la Succession d'Autriche ne valut aucun accroissement de territoire à la France, malgré la victoire de Fontenoy (1745).**

2. La guerre de Sept ans eut pour résultat la perte du Canada et de l'Inde.

3. Sous Choiseul la Corse fut réunie à la France.

Exercices.—*Dites quels ont été les fondateurs de l'empire colonial français, de quoi il se composait sous Louis XV et par la faute de qui il a été perdu. N'a-t-on pas essayé depuis de le reconstituer ?*

Questionnaire. — 1. Où le maréchal de Saxe fut-il vainqueur en 1745 ? — 2. Contre quels pays fut dirigée la guerre de Sept ans ? — 3. Quelles colonies furent perdues et par quel traité ? — 4. Quel pays Choiseul réunit-il à la France ?

LA FRANCE A LA VEILLE DE LA RÉVOLUTION

1. Au XVIIIe siècle, la société française comprenait deux ordres privilégiés : le clergé et la noblesse, qui ne payaient à peu près aucun impôt, et une classe inférieure : le peuple, sur laquelle pesaient toutes les charges publiques.

2. Le roi, maître absolu du pays, pouvait disposer à son gré de la vie et des biens de ses sujets.

3. Quelques écrivains signalèrent avec force ce qu'il y avait de mauvais dans cette organisation de la société et du gouvernement. Parmi eux il faut citer **Montesquieu, Voltaire, J.-J. Rousseau, Diderot** et d'**Alembert.**

4. Leurs écrits firent naître dans les esprits le désir de changer un régime aussi déplorable et ils ont ainsi contribué à amener la Révolution française.

RÉCITS

Le paysan au XVIIIe siècle. Les disettes. — Au XVIIIe siècle, le paysan vivait misérable, car les disettes étaient fréquentes. Voici ce que dit Saint-Simon en 1725 : « On vit en Normandie d'herbes des champs. Le premier roi de l'Europe ne peut être un grand roi si son royaume ne se tourne en un vaste hôpital de mourants à qui l'on prend tout en pleine paix. » Sous Louis XVI, où la situation était meilleure, on mourait encore quelquefois de faim. Il fallait se repaître d'un pain grossier fait avec des fougères ou du son mouillé.

Etat misérable du paysan. — Il n'en était pas toujours ainsi, il est vrai ; mais, même dans les bonnes années, on avait trop lieu de se plaindre. Un Anglais, Arthur Young, qui parcourut la France de 1787 à 1789, constatait la misère générale de ce pays. Dans certaines parties du

Midi, « toutes les paysannes dit-il, femmes et filles, véritables fumiers ambulants, n'ont ni bas, ni souliers. » En Bretagne, « les enfants, en haillons dégoûtants, sont plus mal habillés, pour ainsi dire, que s'ils n'avaient pas d'habits. » — Un jour Young rencontre une paysanne, toute ridée et courbée par le travail, qui lui paraît avoir environ soixante-dix ans. Il lui demande son âge ; elle n'avait pas atteint sa trentième année. Et toutes ses compagnes lui ressemblaient, tant la vie était dure à cette triste époque.

La vie du paysan. — Le paysan habitait dans des chaumières en torchis, pêle-mêle avec ses bestiaux. Quelquefois la maison n'avait même pas de cheminée ; un simple trou dans le toit laissait passer la fumée. Les gens riches, à la campagne, mangeaient de la viande seulement aux grandes fêtes. Même dans les pays vignobles, on ne savait guère ce que c'était que le vin, et on buvait uniquement de la piquette. Sur mille paysans, il y en avait à peine cinquante ayant goûté au café, si on en croit un curé du Boulonnais, et le sucre était si peu employé qu'il ne se vendait que chez les pharmaciens comme remède.

Causes de cette misère. — La cause de cette situation lamentable, c'est d'abord le nombre des impôts. Un laboureur en arrive à donner au fisc 80 pour 100 de ce qu'il possède. Il ne lui reste donc pas de quoi vivre. En outre, les seigneurs, propriétaires du sol, ne font rien pour l'agriculture. « Toutes les fois, dit Arthur Youg, que vous rencontrez les terres d'un grand seigneur, même quand il possède des millions, vous êtes sûr de les trouver en friche ; » et il ajoute : « Ah ! si j'étais seulement pendant quelques jours dictateur de France, comme je ferais danser tous ces grands seigneurs ! » La Révolution allait se charger de réaliser ce souhait.

Résumé. — 1. Le règne de Louis XV eut pour résultat, outre la perte des colonies, une misère générale.

2. Aussi les Français les plus éclairés, Voltaire, Montesquieu, Rousseau, demandèrent-ils une réforme du gouvernement.

Exercices. — *Comparer l'état du paysan en 1789 et de nos jours.*

Questionnaire. — 1. Combien y avait-il de classes autrefois dans la société française et quelles étaient les différences qui existaient entre ces classes ? — 2. Quelle était l'étendue du pouvoir royal ? — 3. Quels écrivains ont attaqué les abus de cette organisation ? — 4. Quel a été le résultat de leurs écrits ?

LOUIS XVI (1774-1789) — TURGOT

1. Sous Louis XVI, le ministre **Turgot** fit des réformes en faveur des classes populaires. Il supprima la corvée, qui pesait lourdement sur le peuple, et les corporations, qui empêchaient le travail d'être libre.

2. Après lui, **Necker** s'efforça de mettre un peu d'ordre dans les finances et de restreindre les dépenses.

3. A la même époque, les Français allèrent soutenir les colons anglais d'Amérique, révoltés contre la mère patrie. Dans cette lutte s'illustra **La Fayette**. Les colons obtinrent leur liberté grâce à la France et, avec leur chef **Washington**, fondèrent la **république des Etats-Unis**.

4. Les derniers ministres de Louis XVI, Calonne et Brienne, firent des dépenses excessives, et la situation financière devint si mauvaise que l'on ne sut plus où trouver de l'argent. Il fallut alors convoquer les Etats généraux pour leur demander d'aviser.

RÉCITS

Turgot. — Quand Turgot devint ministre, il indiqua à Louis XVI les réformes qu'il comptait faire, et il ajouta : « Sire, je dois représenter à Votre Majesté la nécessité de l'économie, dont elle doit la première donner l'exemple. » Nos souverains n'étaient pas habitués à ce langage. Louis XVI laissa d'abord toute liberté à son ministre ; puis, poussé par la reine Marie-Antoinette, princesse frivole et peu disposée à diminuer ses dépenses, il le renvoya après lui avoir toutefois rendu cet hommage : « Il n'y a que M. Turgot et moi qui aimions le peuple. »

Franklin et Voltaire. — Des colons d'Amérique, révoltés contre l'Angleterre, envoyèrent un des leurs, Benjamin Franklin, un savant illustre, demander du secours au roi de France. Franklin fut très vite populaire à Paris, dont il sut flatter la population. Il mena son petit-fils à Voltaire en priant l'illustre écrivain de le bénir : « Dieu et liberté ! dit le philosophe en étendant la main sur la tête de l'enfant. Voilà la seule bénédiction qui convienne au fils de M. Franklin. » De pareilles scènes étaient faites pour séduire les Parisiens, qui demandèrent à grands cris la guerre contre les Anglais.

La Fayette. — Ce fut un jeune homme de vingt ans, M. de la Fayette, qui donna le premier l'exemple de voler au secours des Américains. Il venait de se marier ; il abandonna néanmoins sa jeune femme pour aller en Amérique. Il lui fallut tromper la surveillance de sa famille, qui le faisait garder à vue pour l'empêcher de partir. Il fit équiper secrètement un vaisseau, et, après s'être enfui de la prison où le tenaient ses parents, il gagna l'Amérique et s'y battit avec le plus grand courage.

Washington. — Le vrai fondateur de la liberté aux Etats-Unis fut Washington. Cet homme de bien s'était déjà fait connaître dans la guerre de Sept ans. Quand les colons anglais se révoltèrent, il fut mis à leur tête. On le vit alors consacrer sa fortune à la défense de cette juste cause, lever des soldats, les exercer, les équiper à ses frais. Inaccessible au découragement, il défendit pied à pied le terrain contre les armées anglaises. Autour de lui beaucoup prenaient peur, parlaient de cesser la lutte ; il les réconforta par ses paroles et son exemple ; il empêcha les désertions, il prévint les trahisons ; il fut l'âme de la défense. Après la guerre, ce fut lui qui organisa le gouvernement républicain aux Etats-Unis. Il a laissé justement la plus pure renommée des temps modernes. Aujourd'hui encore, quand des navires étrangers passent devant la maison où il vécut, ils la saluent de plusieurs coups de canon, suprême hommage rendu à la vertu et au patriotisme de ce grand citoyen.

Résumé. — 1. Sous Louis XVI, Turgot et Necker s'efforcèrent de remédier au désordre des finances par de sages réformes.

2. A la même époque, la France contribua à la fondation de la République des Etats-Unis après une guerre où, unie aux Américains, elle vainquit les Anglais.

3. Le gouvernement de Louis XVI redevint ensuite très mauvais, et dès lors une révolution fut inévitable.

Exercices. — *On a dit que les réformes de Turgot auraient pu prévenir la Révolution : que faut-il entendre par là ? Quelle a été la grande faute de Louis XVI ? (Ne pas avoir soutenu Turgot.) Quels sentiments vous inspire la vie de Washington ?*

Questionnaire. — 1. Quelles furent les principales réformes de Turgot ? — 2. Quel ministre succéda à Turgot ? — 3. Quelle guerre firent les Français à cette époque et quel en fut le résultat ? Quelle république fut fondée alors ? — 4. Pourquoi fallut-il convoquer les Etats généraux ?

Le système de Law : la rue Quincampoix.
Chevert à Prague
Dupleix à Pondichéry.
Mort de Lally-Tollendal
Mort de Montcalm.

Misère du peuple. — Voltaire. — Montesquieu. — Rousseau.

Turgot et Louis XVI. — Voltaire et le fils de Franklin. — Washington

SEPTIÈME PÉRIODE

1. Louis XIV avait ruiné la France. Louis XV déshonora la royauté. Grâce à lui notre pays connut, après quelques succès, les pires humiliations et perdit son empire colonial, qui était à ce moment le premier du monde.

2. Tel était le résultat du pouvoir absolu de la royauté. C'est ce que les Français comprirent, surtout quand quelques écrivains, hardis et généreux, Montesquieu, Voltaire, Rousseau, eurent fait leur instruction.

3. Dès lors une révolution devint inévitable. Louis XVI aurait pu la prévenir par de sages réformes ; mais il ne voulut ou n'osa pas écouter les ministres qui, comme Turgot et Necker, désiraient le bien du peuple. Aussi les Etats généraux, convoqués pour 1789, vont-ils transformer cette royauté qui s'était montrée incapable de gouverner la France.

TABLEAU RÉCAPITULATIF

Louis XV (1715-1774)	La Régence : Law ; Dubois et l'alliance anglaise. Guerre de la succession de Pologne ; traité de Vienne (1738) (acquisition de la Lorraine). Guerre de la succession d'Autriche ; victoire de Fontenoy (1745). Guerre de Sept ans ; traité de Paris (1763) (perte des colonies) ; Dupleix et Montcalm. Choiseul : acquisition de la Corse.
Louis XVI (1774-1789)	Turgot : suppression de la corvée et des corporations. Necker : guerre d'Amérique ; fondation des Etats-Unis. Détresse financière : convocation des Etats généraux.

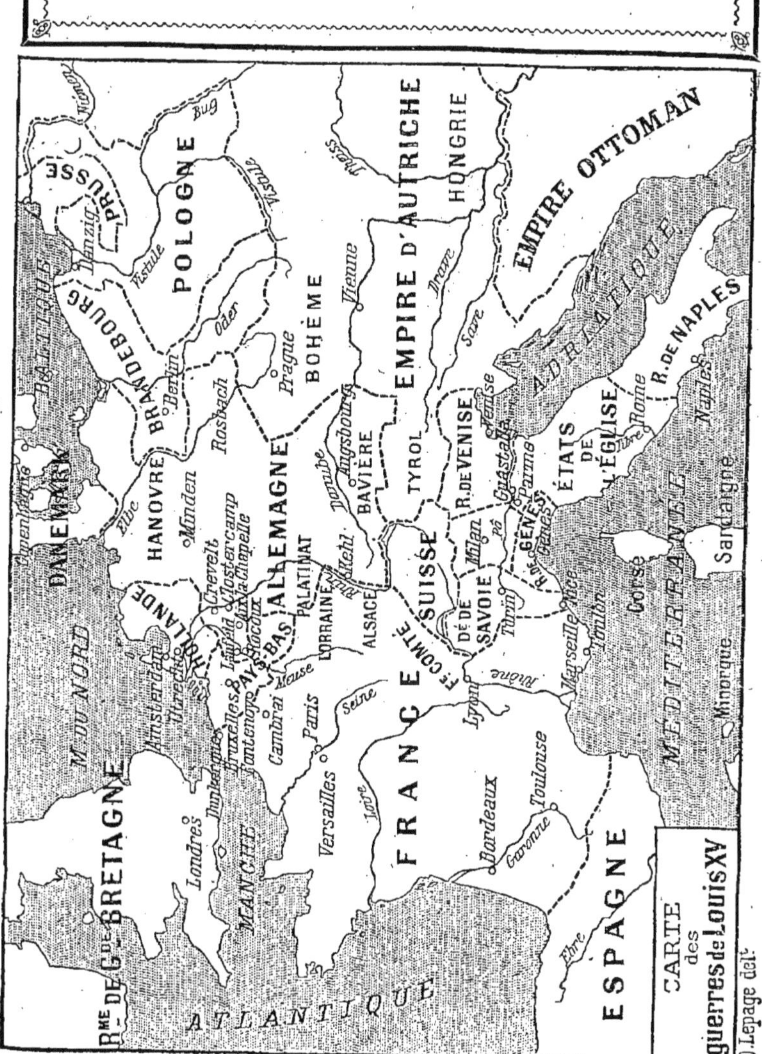

HUITIÈME PÉRIODE

La Révolution française

Vienne
Bug
PRUSSE
POLOGNE
BRANDEBOURG
EMPIRE D'AUTRICHE
HONGRIE
EMPIRE OTTOMAN
Theiss
Vistule
Oder
Berlin
Prague
BOHÊME
Vienne
Drave
Save
ADRIATIQUE
BALTIQUE
DANEMARK
Copenhague
Elbe
HANOVRE
Minden
Rosbach
Danube
Ingsbourg
BAVIÈRE
TYROL
R.DEVENISE
Venise
Guastalla
Parme
GÊNES
Gênes
ÉTATS DE L'ÉGLISE
Tibre
Rome
R.DE NAPLES
Naples
Crevelt
Wustercamp
Aix-la-Chapelle
ALLEMAGNE
PALATINAT
Kehl
Rhin
Milan
MÉDITERRANÉE
HOLLANDE
Utrecht
Amsterdam
Bruxelles
Fontenoy
Hastenbeck
PAYS-BAS
Cambrai
LORRAINE
ALSACE
SUISSE
DÉ DE
SAVOIE
Turin
Nice
Marseille
Toulon
Corse
Sardaigne
M. DU NORD
Londres
MANCHE
Dunkerque
Paris
Versailles
Seine
Loire
Meuse
FRANCHE COMTÉ
Lyon
Rhône
FRANCE
Bordeaux
Garonne
Toulouse
Minorque
R.me DE G.de BRETAGNE
ESPAGNE
Ebre
ATLANTIQUE
CARTE des guerres de Louis XV
O. Lepage del.t

L'ASSEMBLÉE CONSTITUANTE

1. Les Etats généraux se réunirent le 5 mai 1789. Le Tiers-Etat, au lieu de se borner à réformer les finances, manifesta l'intention de limiter la puissance royale en appelant le peuple à gouverner de concert avec le roi (**journée du 20 juin**).

2. Louis XVI songea alors à disperser les Etats par la force. Mais le peuple l'empêcha de donner suite à ce dessein en prenant, le **14 juillet**, la Bastille.

3. Les Etats généraux, qui avaient changé leur nom en celui d'**Assemblée nationale constituante**, décidèrent ensuite, dans la **nuit du 4 août**, la suppression de tous les privilèges.

RÉCITS

La journée du 20 juin. — Le roi ne voulait pas d'une réforme dans le gouvernement. Pour se débarrasser du Tiers, qui demandait cette réforme, il fit fermer la salle où se réunissaient les États, sous prétexte qu'il en avait besoin pour les préparatifs d'un grand bal. Les membres du Tiers cherchèrent alors un autre local. Ils trouvèrent une petite salle où on jouait d'ordinaire à la paume (à la balle). Là ils s'installèrent comme ils purent, un banc leur servant de bureau. Puis tous, après leur président Bailly, firent le serment de ne pas se séparer avant d'avoir donné au peuple le droit de gouverner lui-même la France (20 juin 1789).

Mirabeau et Dreux-Brézé. — Trois jours après, Louis XVI réunit les États. Il fit un discours menaçant, puis quitta la salle des séances en ordonnant aux trois ordres de se séparer. Le clergé et la noblesse obéirent ; seul le Tiers resta à sa place. Alors s'avança le marquis de Dreux-Brézé qui dit : « Vous avez entendu, messieurs, les ordres du roi. » Un membre du Tiers, Mirabeau, lui répondit : « Oui, Monsieur... mais vous, qui n'avez ici ni place ni droit de parler... allez dire à ceux qui vous envoient que nous sommes ici par la puissance du peuple, et qu'on ne nous en arrachera que par la force des baïonnettes. » M. de Brézé n'osa rien répliquer. Quant à Louis XVI, il dit simplement : « Puisqu'ils ne veulent pas s'en aller, qu'on les laisse. »

Prise de la Bastille. — Peu après, le roi prépara un coup de force contre l'Assemblée. Il fit venir des troupes à Paris et renvoya Necker, qui était aimé du peuple. La nouvelle se répandit vite dans Paris. Aussitôt un jeune homme, Camille Desmoulins, harangue la foule : « Citoyens, s'écrie-t-il, on médite une Saint-Barthélemy de patriotes, » et il propose de courir aux armes. Mais des soldats font une charge ; plusieurs personnes sont renversées sous les pieds des chevaux. Alors les Parisiens s'arment et, aidés par un régiment de gardes françaises qui passe de leur côté, ils viennent assiéger la Bastille. La lutte dura cinq heures, après quoi la garnison se rendit. Quelques misérables massacrèrent alors le gouverneur, M. de Launay. Le roi dut éloigner les troupes qu'il avait appelées et reprendre Necker. Les Parisiens s'organisèrent ensuite en une garde nationale avec La Fayette pour chef.

Nuit du 4 août. — Le peuple des départements s'arma à son tour. Dans beaucoup d'endroits les nobles furent attaqués et leurs châteaux brûlés. L'Assemblée comprit qu'il fallait calmer cette agitation. Dans la nuit du 4 août, le duc de Noailles et le duc d'Aiguillon proposèrent d'abolir tous les droits féodaux et de décider que l'impôt serait désormais payé par tout le monde. Un député breton, Leguen de Kérengal, qui siégeait en costume de paysan, s'écria : « Hâtez-vous ; un cri général se fait entendre ; vous n'avez pas un moment à perdre. » Un grand enthousiasme saisit alors toutes les âmes ; chacun voulut renoncer à ses privilèges, et c'est depuis cette séance mémorable qu'il n'y a plus eu en France qu'une seule classe de citoyens, tous égaux entre eux.

Résumé. — 1. Les États généraux, réunis le 5 mai 1789, prirent le nom d'Assemblée nationale après la journée du 20 juin, où ils avaient juré de donner le gouvernement à la nation elle-même.

2. Le peuple de Paris prit ensuite la Bastille, le 14 juillet, et l'Assemblée, dans la nuit du 4 août, supprima tous les privilèges.

Exercices. — *Comment faut-il juger la conduite de Louis XVI pendant cette période ? A une époque de suffrage universel comme la nôtre, le peuple aurait-il le droit de prendre les armes pour montrer son mécontentement ? — Pour quelle raison le 14 juillet est-il devenu la fête nationale de la France républicaine ?*

Questionnaire. — 1. Quel jour se réunirent les États généraux ? Que voulait le Tiers ? — 2. A quelle date le peuple de Paris prit-il la Bastille ? — 3. Que décida l'Assemblée nationale dans la nuit du 4 août ?

FIN DE L'ASSEMBLÉE CONSTITUANTE

1. La population parisienne, qui se défiait du roi, le ramena de Versailles à Paris dans les journées des 5 et 6 octobre.

2. Dès lors l'accord sembla régner. L'anniversaire de la prise de la Bastille fut célébré par la belle fête de **la Fédération**.

3. Mais Louis XVI résolut de s'enfuir pour aller demander du secours aux souverains étrangers. Reconnu, il fut arrêté et ramené à Paris (20-21 juin 1791).

4. La population de cette ville aurait voulu qu'on lui enlevât sa couronne ; l'Assemblée s'y refusa.

RÉCITS

Journées des 5 et 6 octobre. — Le roi, qui préparait un nouveau coup de force, avait rappelé des troupes. A ce moment la disette sévissait à Paris. Le 5 octobre, à la nouvelle d'un banquet offert, dans le château de Versailles, aux officiers appelés de province par le roi, quelques femmes décident d'aller demander du pain à Louis XVI lui-même. Une jeune fille prend un tambour, parcourt les rues en battant la générale ; les marchands de la halle la suivent, puis d'autres femmes traînant des canons ; il y en a bientôt sept ou huit mille. Les hommes arrivent à leur tour, et toute cette foule marche sur Versailles. Elle aurait peut-être fait un mauvais parti au roi et à la reine sans La Fayette, accouru en toute hâte avec la garde nationale. Mais la famille royale dut rentrer dans Paris, escortée des manifestants qui chantaient : « Nous ramenons le *boulanger*, la *boulangère* et le *petit mitron* (le roi, la reine, le dauphin) ».

La Fédération. — Les habitants de la province s'étaient, à l'imitation de Paris, alliés ou **fédérés** en une vaste garde nationale. L'Assemblée nationale résolut d'appeler dans la capitale quelques délégations des départements pour y célébrer, dans une grande fête, l'anniversaire de la prise de la Bastille.

Dès le 13 juillet la population parisienne tout entière travailla à niveler le Champ-de-Mars où devait avoir lieu la

---

Notes explicatives. — Ste-Menehould, Marne. — Varennes, Meuse.

cérémonie. On voyait là, confondues, toutes les classes de la société, prêtres, grandes dames, étudiants et portefaix. Le 14 au matin commença le défilé des fédérés avec leurs quatre-vingt-trois bannières (une par département); il se fit en bon ordre, malgré une pluie torrentielle, aux applaudissements d'une foule immense. A mesure qu'ils arrivaient au Champ-de-Mars, ils dansaient des farandoles. Le peuple se mêla à eux et bientôt une ronde immense entoura la vaste place, pendant que trois cent mille spectateurs battaient là mesure avec leurs mains, oubliant la pluie, la faim, les ennuis de l'attente. Puis, une messe fut célébrée sur un autel dressé au milieu de la place, et le roi, la reine, l'Assemblée, La Fayette, prêtèrent serment de fidélité à la nation. Le soir, Paris fut illuminé et les danses recommencèrent.

Fuite du roi. — La famille royale s'enfuit de Paris dans la journée du 20 juin. Le voyage se passa bien jusqu'à Sainte-Menehould. Là, le roi, ayant mis la tête à la portière, fut reconnu par un nommé Drouet, qui alla aussitôt donner l'alarme dans la ville voisine, à Varennes. Quand la voiture y arriva, les voyageurs dormaient; ils furent réveillés en sursaut par le chef de la municipalité, l'épicier Sausse, qui leur ordonna de descendre, pendant que le tocsin et la générale appelaient le peuple aux armes. Il était impossible de résister. Sur l'ordre de l'Assemblée, le roi fut ramené à Paris. Une partie de la population manifesta tumultueusement sur le Champ-de-Mars pour demander sa déchéance. La Fayette et le maire Bailly, envoyés par l'Assemblée, dispersèrent le rassemblement par la force et le sang coula. Dès lors l'Assemblée fut odieuse au peuple.

Résumé. — 1. Dans les journées des 5 et 6 octobre la famille royale fut ramenée de force à Paris.

2. Après la fête de la Fédération (14 juillet 1790) et la fuite manquée du roi, l'Assemblée se sépara, haïe du peuple qui lui reprochait de ne pas avoir renversé Louis XVI.

Exercices. — *Qu'y-a-t-il de vraiment beau dans la fête de la Fédération ? Quel est l'événement qui a montré l'impossibilité de gouverner avec Louis XVI ? Prenez les diverses journées de la Révolution et montrez comment à chaque fois la situation de la royauté devient plus mauvaise.*

Questionnaire. — 1. Que fit la population parisienne dans les journées des 5 et 6 octobre? — 2. Qu'est-ce que la Fédération? — 3. Pourquoi le roi s'enfuit-il? — 4. Pour quelle raison le peuple cessa-t-il d'aimer l'Assemblée?

Serment du Jeu de paume.

Mirabeau et Dreux-Brézé.

Camille Desmoulins harangue la foule.

Prise de la Bastille.

Les nobles furent attaqués dans leurs châteaux.

La nuit du 4 août.

Journées des 5 et 6 octobre.

La famille royale ramenée à Paris.

La population de Paris nivelle le Champ-de-Mars

Fête de la Fédération.

Arrestation de Louis XVI à Varennes.

La Fayette et Bailly dispersent les rassemblements par la force.

L'ASSEMBLÉE LÉGISLATIVE (1791-1792)

1. **L'Assemblée législative**, dominée par le parti des **Girondins**, se montra dès le début hostile à Louis XVI, qu'elle soupçonnait d'être d'accord avec l'Autriche et la Prusse, qui venaient de commencer la guerre contre la France.

2. Aussi, le déclara-t-elle déchu de son pouvoir dans la **journée du 10 août**.

3. Il y eut alors une grande agitation dans Paris, surtout à la nouvelle que les ennemis arrivaient. Au mois de septembre, un grand nombre de royalistes, détenus dans les prisons, furent massacrés.

4. La victoire de **Valmy** arrêta heureusement l'invasion prussienne (20 septembre 1792).

RÉCITS

Chute de la royauté. — Le peuple voulait donner une leçon au roi, fortement soupçonné de trahison. Le **20 juin 1792**, les Tuileries sont envahies et une foule menaçante défile devant Louis XVI, sans cependant lui faire de mal, exigeant seulement qu'il se coiffe du bonnet rouge, que l'on considérait alors comme le signe de la liberté. Mais les Prussiens entrent en France. Leur chef, le duc de Brunswick, menace de détruire Paris s'il est fait le moindre mal au roi. C'était révéler l'accord qui existait entre ce prince et les ennemis. Le peuple se décide alors à renverser la royauté. Dans la **journée du 10 août**, il attaque les Tuileries, au son d'un chant nouveau, qui devait devenir célèbre sous le nom de *Marseillaise*. La Législative, pour sauver la famille royale, l'envoie chercher par quelques-uns de ses membres. Mais les Suisses de la garde royale, qui défendaient le château, sont massacrés ; puis la foule se porte dans la salle des séances et exige que l'Assemblée proclame la déchéance du roi.

Les enrôlements volontaires. — Pour résister à l'invasion étrangère, la Législative fit appel au peuple, invitant tous les Français à prendre les armes. Le 22 et le 23 juillet, deux cortèges parcoururent Paris, portant des bannières tricolores sur lesquelles étaient inscrits ces mots : « Citoyens, la

---

Notes explicatives. — **Girondins**, ainsi nommés parce que les principaux membres étaient originaires du dép. de la Gironde. — **Valmy**, Marne.

patrie est en danger. » Sur toutes les places avaient été dressées des tentes, ornées de banderoles tricolores et de couronnes de chêne. Une planche, posée sur des caisses de tambours, était destinée à servir de bureau pour l'inscription des volontaires. Ceux-ci se présentèrent en foule. Les femmes, voulant contribuer à la défense de la patrie, donnèrent leurs bijoux ; les enfants offrirent leurs livres de prix.

Valmy. — La première bataille avec les Prussiens eut lieu à **Valmy**. Kellermann, lieutenant de Dumouriez, occupait une hauteur avec ses volontaires, que les ennemis méprisaient, les appelant « tailleurs et cordonniers » et promettant de les renvoyer sans peine à leurs boutiques. Il se trouva que ces soldats improvisés, soutenus par l'amour de la patrie, supportèrent le feu sans broncher. L'infanterie prussienne, déçue, se lança à l'attaque du plateau. Kellermann la laissa avancer sans tirer un coup de feu ;

Kellermann à Valmy.

puis, plaçant son armée sur une seule ligne, il se mit en avant, seul, agita son sabre et poussa un cri retentissant de *Vive la Nation !* Ce cri fut répété par tous ses soldats, qui avaient dressé leurs chapeaux au bout de leurs baïonnettes et qui s'apprêtaient à mourir glorieusement. Devant la ferme attitude de ces conscrits, les Prussiens s'arrêtèrent hésitants ; puis, pris en flanc par les canons de Dumouriez, ils redescendirent la colline et battirent en retraite. Cette victoire eut un retentissement considérable.

Résumé. — 1. La Législative, soupçonnant Louis XVI de complicité avec les ennemis, le renversa dans la journée du 10 août 1792.

2. Peu après, l'invasion prussienne était arrêtée par la victoire des Français à Valmy (20 septembre).

Exercices. — *Comment vous expliquez-vous que le peuple français qui aimait, en somme, ses rois, ait renversé la royauté en 1792 ? — Quels sentiments vous inspire le récit de la bataille de Valmy ? — Pourquoi les volontaires, peu habitués à se battre, ont-ils été vainqueurs dans cette bataille ?*

Questionnaire. — 1. Quel parti domina dans la Législative ? De quoi accusait-on le roi ? — 2. Quel fut le résultat de la journée du 10 août ? — 3. Qu'est-ce que les massacres de septembre ? — 4. Quelle est la victoire qui arrêta l'invasion prussienne ?

LA CONVENTION — LA TERREUR (1792-1795)

1. L'Assemblée qui succéda à la Législative, la **Convention nationale**, proclama la République le 21 septembre 1792. Elle envoya Louis XVI à l'échafaud le 21 janvier 1793. Une coalition se forma alors contre la France ; mais le **Comité de salut public**, chargé de la défense du pays, soutint la guerre avec énergie.

2. En revanche, il organisa la **Terreur**, fit exécuter les principaux royalistes, la reine Marie-Antoinette et même des républicains tels que les Girondins, Camille Desmoulins et **Danton**.

3. La Terreur cessa avec la chute de **Robespierre**, le **9 thermidor 1794**. La Convention fit ensuite place au Directoire.

RÉCITS

Procès de Louis XVI. — On avait découvert, dans une armoire de fer, des papiers qui semblaient prouver la complicité de Louis XVI avec les ennemis. La Convention fit le procès de ce prince, moins peut-être par haine contre lui que pour effrayer les souverains étrangers. « Jetons-leur en défi une tête de roi, » s'était écrié Danton, un des principaux chefs du parti républicain. Louis fut condamné à mort.

Arrestation des Girondins. — Les républicains se divisèrent presque aussitôt en deux groupes ennemis, les **Girondins** et les **Montagnards** ou **Jacobins**. Le peuple de Paris prit parti pour les Jacobins. Le 2 juin 1793, il entoure la salle où délibérait la Convention, pour la forcer à mettre en arrestation les principaux Girondins. Le président de l'Assemblée proteste, mais les émeutiers braquent des canons contre le palais. L'Assemblée, prise de peur, obéit à la foule. Vingt-deux Girondins sont arrêtés.

Assassinat de Marat. — Une jeune fille de Caen, Charlotte Corday, veut les venger en assassinant Marat, un jacobin qu'elle accusait, non sans raison, de leur chute. Elle se rend chez lui sous prétexte de lui communiquer une liste de conspirateurs. Il la reçoit au bain et, pendant qu'il écrit les

---

Notes explicatives. — **9 Thermidor.** La Convention avait changé le calendrier. L'année commençait au 22 septembre. Thermidor est le mois qui allait du 22 juillet au 22 août.

noms, elle le frappe au côté gauche d'un coup de couteau. Arrêtée, elle fut exécutée le lendemain.

Exécution des Girondins. — Marie-Antoinette périt d'abord ; puis ce fut le tour des Girondins. Ils passèrent leur dernière nuit à chanter des hymnes à la liberté. Tous moururent avec le plus grand courage. Quelques jours après, Mme Roland, femme d'un ancien ministre girondin, alla à l'échafaud, vêtue de blanc comme pour une fête. Arrivée sur le lieu du supplice, elle s'inclina devant une statue de la Liberté en disant : « O Liberté, que de crimes on commet en ton nom ! »

Mort de Danton. — Robespierre, qui dominait au Comité de salut public, attaqua ensuite Danton. Celui-ci avait été prévenu. On lui conseillait de fuir ; il répondit : « Est-ce qu'on emporte la patrie à la semelle de ses souliers ? » Il fut condamné à mort avec son ami Camille Desmoulins et quelques autres. Sur

Danton répondant : « Est-ce qu'on emporte la patrie à la semelle de ses souliers ? »

la route il dit au bourreau : « Tu montreras ma tête au peuple ; elle en vaut la peine. » Comme, au pied de l'échafaud, il voulait embrasser un de ses amis, le bourreau s'y opposa. Danton fit simplement en haussant les épaules : « Tu n'empêcheras pas tout à l'heure nos têtes de s'embrasser dans le fond du panier. » Quelques mois plus tard, la Convention envoyait aussi Robespierre à l'échafaud.

Résumé. — 1. La Convention proclama la République, le 21 septembre 1792, et fit exécuter Louis XVI.

2. Elle vainquit l'Europe, mais en organisant la Terreur, qui ne prit fin qu'à la mort de Robespierre, au 9 Thermidor.

Exercices. — *Petit problème de morale : La Terreur a été faite au nom du salut public. Chaque fois que l'on envoyait un parti à la mort, c'était sous le prétexte que la victoire de ce parti entraînerait la perte de la France. Dites ce que vous pensez de cette doctrine du salut public, si elle vous paraît morale et si vraiment elle a été utile à ce pays qu'elle prétendait sauver.*

Questionnaire. — 1. Quelle forme de gouvernement la Convention donna-t-elle à la France ? Que devint Louis XVI ? Quel comité la Convention chargea-t-elle d'organiser la défense contre l'ennemi ? — 2. Quelles furent les principales victimes de la Terreur ? — 3. Quel gouvernement succéda à la Convention ?

LA CONVENTION — LA GUERRE ÉTRANGÈRE

1. Pendant la Convention, la France fut en proie aux luttes civiles et à la guerre étrangère.

2. La plus terrible des luttes civiles fut la **guerre de Vendée**. Les Vendéens, vaincus au Mans (1793) par Kléber et Marceau, furent définitivement soumis par Hoche, qu'on appela depuis le pacificateur de la Vendée.

3. La coalition européenne dut aussi reculer devant l'héroïsme des troupes républicaines et le talent de leurs généraux, Hoche, Jourdan, Kléber, Moreau. En 1795, les Français avaient conquis les **frontières naturelles** du Rhin et des Alpes, que le **traité de Bâle** leur laissa.

RÉCITS

La guerre de Vendée. — Les Vendéens s'étaient soulevés après la mort de Louis XVI. Ils eurent pour chefs un homme du peuple, le voiturier Cathelineau, et quelques nobles, Bonchamps, de Lescure, la Rochejacquelein. De part et d'autre, on déploya une grande bravoure. Les enfants eux-mêmes étaient héroïques, comme le prouve l'histoire du jeune tambour Bara. Cet enfant, âgé de 13 ans, est entouré un jour par des Vendéens, qui le menacent de le tuer s'il ne crie : « Vive le Roi » ! Il crie « Vive la République » ! et tombe percé de coups.

Carnot. — La guerre étrangère fut d'abord marquée par des revers. Dumouriez, battu et mécontent de la politique de la Convention, passa à l'ennemi. La France fut envahie de nouveau. Alors, au Comité de salut public, **Carnot** imagina un nouveau système de guerre. Mettant à profit l'élan et le patriotisme des troupes républicaines, il ordonna d'agir par grandes masses, de porter le plus grand nombre possible d'hommes sur un point donné, de manière que l'ardeur naturelle des Français suppléât à leur inexpérience. Aussi la victoire revint-elle à nos armes.

Hoche était un enfant du peuple, fils d'un garde du chenil de Louis XVI. Lui-même servit à partir de quatorze ans dans les écuries royales. Sa mère étant morte, il fut élevé par une tante, marchande de légumes. Engagé à seize ans, il ne put arriver aux grades supérieurs réservés aux

---

Notes explicatives. — Le Geisberg, Alsace. — Bâle, Suisse.

nobles; mais il résolut de s'instruire et, pour s'acheter des livres, se livra aux travaux manuels les plus modestes; en hiver il brodait des vestes pour les officiers; en été il servait comme aide chez les maraîchers. Quand la Révolution arriva, il obtint un avancement rapide. En 1793 il commandait une armée en Alsace. C'est ainsi qu'il remporta la grande victoire du **Geisberg**. Nos troupes faiblissaient sous le feu des batteries ennemies. Alors, par une inspiration soudaine, au moment le plus critique, il imagine de mettre les canons à l'enchère : « Camarades, s'écrie-t-il, à quatre cents, à cinq cents, à six cents livres la pièce ! — Adjugé ! »

Les marins du *Vengeur*.

répondent les soldats, et ils s'élancent au pas de charge, tuent les canonniers et s'emparent de leurs pièces. — En Vendée où il fut envoyé ensuite, Hoche se signala par son humanité et sa justice.

Les Français à Amsterdam; le Vengeur. — Les soldats français étaient d'ailleurs admirables. Ils conquirent la Hollande en plein hiver. On les vit entrer dans Amsterdam, sans souliers, sans bas, presque sans vêtements, et là, attendre tranquillement, pendant plusieurs heures, qu'on eût pourvu à leurs besoins. Deux escadrons de hussards allèrent ensuite s'emparer de la flotte hollandaise retenue par les glaces. Qui ne connaît aussi l'épisode du **Vengeur**, ce vaisseau dont l'équipage, après une lutte désespérée, préféra se laisser couler plutôt que de se rendre?

Résumé. — 1. La Convention triompha des Vendéens révoltés. 2. Elle acquit, par la paix de Bâle, les frontières naturelles du Rhin et des Alpes.

Exercices. — *Apprécier la guerre de Vendée ; dire ce que l'on pense de cette lutte civile poursuivie en pleine guerre étrangère. — Montrer comment les guerres poursuivies par la Convention ont pu amener la Terreur. (Nécessité d'empêcher les ennemis du dedans de s'entendre avec ceux du dehors). — Quelle était la source de l'héroïsme républicain ?*

Questionnaire. — 1. La France fut-elle en paix pendant la Convention ? — 2. Quelle est la principale des luttes civiles qui désolèrent la France en 1793 ? Où furent vaincus les Vendéens ? — 3. Quel fut le résultat de la guerre contre la coalition européenne ? Quel traité mit fin à cette guerre ?

LE DIRECTOIRE

Le **Directoire**, attaqué par les royalistes, fit contre eux le **coup d'Etat du 18 fructidor**.

2. Parmi les puissances européennes, l'Autriche et l'Angleterre seules ne voulaient pas faire la paix avec la France. Bonaparte fit contre les Autrichiens la belle **campagne d'Italie**, marquée par les victoires d'**Arcole** et de **Rivoli**, et leur imposa le **traité de Campo-Formio** qui nous cédait la Belgique (1797).

3. Il dirigea ensuite contre l'Angleterre l'**expédition d'Egypte**. Vainqueur aux **Pyramides** (1798), il occupa le pays, mais réussit moins bien en Syrie, et revint en France à la nouvelle que la coalition européenne s'était reformée contre ce pays.

4. Cette coalition fut vaincue par Masséna à **Zurich** (1799). Bonaparte renversa ensuite le Directoire par le **coup d'État du 18 brumaire**.

RÉCITS

Bonaparte à Arcole. — Napoléon Bonaparte, né à Ajaccio en Corse, élevé en France et devenu officier d'artillerie, fut chargé du commandement de l'armée d'Italie. Il remporta de grands succès, mais faillit être battu à Arcole. L'ennemi, supérieur en nombre, occupait une position très forte sur des hauteurs. Bonaparte le tourne et le force d'accepter la bataille sur des chaussées étroites, bordées de marais où l'avantage du nombre devenait inutile. Il fallait avant tout emporter le pont d'Arcole. La bataille dura trois jours. A un moment, les soldats hésitaient devant la mitraille qui balayait le pont. Bonaparte s'élance le premier, un drapeau à la main. Il est repoussé et tombe dans un marais, où il aurait été fait prisonnier si ses soldats n'étaient venus le dégager. Le pont fut enfin enlevé.

Bataille de Rivoli. — A Rivoli, la situation fut aussi un instant très grave. Notre artillerie faillit être enlevée. Les chevaux avaient été tués; mais les soldats s'attelèrent aux

---

Notes explicatives. — **Arcole, Rivoli, Campo-Formio,** dans l'Italie du Nord. — Les **Pyramides,** grands monuments de pierre. — **Zurich,** Suisse. — **Coup d'Etat,** coup de force dirigé contre un gouvernement. — **Fructidor,** août-septembre. — **Brumaire,** octobre-novembre.

pièces et les sauvèrent. Avec une sûreté admirable, Bonaparte qui avait, pour ainsi dire, tout prévu, put enfin rejeter l'armée ennemie dans d'étroits défilés où elle fut écrasée.

Bataille des Pyramides (1798). — En Egypte, l'armée eut beaucoup à souffrir de la chaleur et de la soif dans la traversée du désert. On arriva enfin auprès du Caire, à quelque distance des Pyramides. « Soldats, s'écria Bonaparte en les montrant, songez que, du haut de ces pyramides, quarante siècles vous contemplent. » Les ennemis chargèrent avec fureur. Mais Bonaparte avait imaginé un nouveau système de guerre. Il faisait former ses troupes en carrés avec de l'artillerie aux quatre coins. Ces carrés se protégeaient mutuellement par leur feu et présentaient comme un mur de fer contre lequel la cavalerie ennemie venait se briser. Ce fut une brillante victoire. Mais les Français ne purent garder l'Egypte, à cause d'une seconde coalition qui se forma en 1799 contre le Directoire.

Le 18 brumaire. — Les représentants du peuple savaient que Bonaparte méditait un coup de force. Quand il se présente devant eux, il est accueilli par des cris et des huées. On veut le mettre en accusation. Mais son frère Lucien sort en criant : « Soldats, on assassine votre général ». Les soldats, trompés par ce mensonge, envahissent la salle, et les défenseurs de la loi et de la République doivent s'enfuir par les fenêtres. Ce crime donna le pouvoir au vainqueur d'Italie, en souillant sa gloire et en préparant le malheur de la France.

Résumé. — **1.** Sous le Directoire, les victoires de Bonaparte à Arcole et à Rivoli donnèrent la Belgique à la France (1797).

2. Bonaparte fut encore vainqueur aux Pyramides en Egypte (1798), et Masséna remporta un grand succès à Zurich (1799).

3. Bonaparte renversa ensuite le Directoire au 18 brumaire.

Exercices. — *Petites questions de morale : Comparez Bonaparte à des généraux tels que Hoche et Marceau qui, après avoir fidèlement servi la République, sont morts pour elle. En quoi leur est-il inférieur au point de vue moral ? — Pourquoi était-ce de la part de Bonaparte un crime inexcusable de renverser le gouvernement que la France s'était librement donné ? Quel est le premier devoir des citoyens ?*

Questionnaire — 1. Quel coup d'Etat le Directoire fit-il contre les royalistes ? — 2. Où Bonaparte fut-il vainqueur en Italie et quel traité imposa-t-il aux Autrichiens ? — 3. Quelle victoire remporta-t-il en Egypte ? — 4. Où Masséna fut-il vainqueur en 1799 ? Quel coup d'Etat Bonaparte fit-il contre le Directoire ?

La journée du 20 juin 1792.   La journée du 10 août 1792.   Les enrôlements volontaires.

Le 2 juin 1793.   Assassinat de Marat.   Exécution des Girondins.

Mort de Bara.

Hoche au Geisberg.

Les hussards à Amsterdam.

A Rivoli
les soldats s'attelèrent aux pièces.

Bonaparte aux Pyramides.

Le coup d'État du 18 brumaire.

HUITIÈME PÉRIODE

1. L'Assemblée constituante changea le gouvernement de la France. Elle déclara tous les Français égaux devant la loi et donna le pouvoir au peuple.

2. L'Assemblée législative abolit la royauté.

3. La Convention nationale organisa la République. Elle établit la Terreur, mais sauva la France de l'invasion étrangère et de la guerre civile.

4. La République, qui avait bien mérité de la patrie, fut détruite au coup d'Etat du 18 brumaire.

TABLEAU RÉCAPITULATIF

L'Assemblée Constituante (1789-1791)	Réunion des Etats généraux (5 mai 1789). Serment du jeu de Paume ; prise de la Bastille (14 juillet) ; suppression des privilèges dans la nuit du 4 août ; fête de la Fédération (1790) ; fuite et arrestation du roi (1791).
La Législative (1791-1792)	Journées du 20 juin et du 10 août 1792 : chute de la royauté. Massacres de septembre ; victoire de Valmy (20 septembre 1792).
La Convention (1792-1795)	Procès et exécution de Louis XVI. La Terreur : supplice des principaux royalistes, des Girondins, de Danton ; le 9 Thermidor. Guerre de Vendée. Guerre contre la coalition européenne : paix de Bâle ; acquisition des frontières naturelles (1795).
Le Directoire (1795-1799)	Campagne d'Italie : victoires d'Arcole et de Rivoli ; paix de Campo-Formio (1797). Expédition d'Egypte : victoire des Pyramides (1798). Nouvelle coalition : victoire de Zurich (1799). Coup d'Etat du 18 brumaire.

NEUVIÈME PÉRIODE

Le Consulat et l'Empire

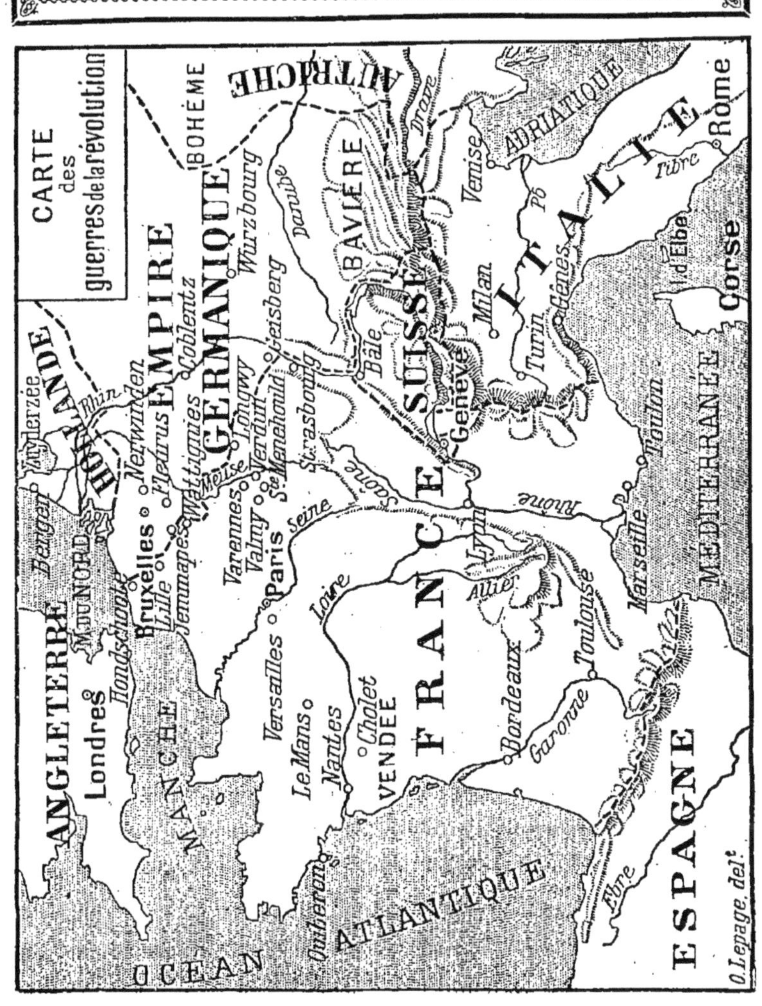

LE CONSULAT (1799-1804)

1. Après le 18 brumaire, Bonaparte devint le maître de la France, sous le titre de **Premier Consul**.

2. Il organisa nos départements et notre système d'impôts, tels qu'ils sont encore aujourd'hui, fit rédiger les lois ou **Codes** qui sont en usage dans nos tribunaux, et créa la **Légion d'honneur** pour récompenser les services rendus au pays.

3. Par le **Concordat**, ou traité signé avec le pape, il réserva au chef de l'Etat la nomination des évêques et la haute surveillance sur l'Eglise.

4. Il fit la guerre contre l'Autriche, qui, vaincue à **Marengo**, dut signer la paix.

RÉCITS

Défense de Gênes. — L'Autriche n'avait pas voulu signer la paix malgré la défaite de Zurich. Il fallut donc continuer la lutte. Masséna, nommé au commandement de l'armée d'Italie, ne put résister aux troupes ennemies, supérieures en nombre, et fut enfermé dans Gênes. Il y soutint, malgré une famine atroce, un siège mémorable de deux mois. Les soldats disaient : « Il nous fera manger jusqu'à nos bottes. » Ils ne croyaient pas si bien dire. Plus de vingt-cinq mille personnes étaient mortes de faim quand le général consentit enfin à capituler avec les honneurs de la guerre. Cette belle défense de Masséna, retenant les Autrichiens devant Gênes, permit à Bonaparte d'accourir en Italie.

Passage des Alpes. — Il fallut d'abord franchir les Alpes. Le passage eut lieu par le col du **Grand Saint-Bernard**. La route étant impraticable aux voitures, on démonta les canons qui furent placés sur des traîneaux à roulettes, pendant que les affûts et les munitions étaient transportés à dos de mulets. Des tables avaient été dressées sur le bord de la route en face du couvent, au sommet du col. Chaque soldat y reçut un verre de vin, un morceau de pain et de fromage, puis le défilé reprit. C'est alors que les difficultés commencèrent vraiment. Les hommes durent s'atteler eux-

---

Notes explicatives. — **Le Grand Saint-Bernard**, col des Alpes en Suisse, où se trouve un couvent célèbre. — **Marengo**, Gênes, Italie du Nord.

mêmes aux canons, qu'on avait placés dans des troncs d'arbres creusés. Pour leur donner du courage, dans les passages les plus difficiles, la musique jouait des airs entraînants ou bien les tambours battaient la charge. Comme la bonne humeur ne perd jamais ses droits chez le troupier français, lorsque de belles descentes se présentaient, beaucoup s'asseyaient dans la neige et se laissaient glisser jusqu'au bas, au milieu des éclats de rire. Au bout de huit jours de fatigues et de labeurs, l'armée fut enfin en Italie.

Bataille de Marengo. — La bataille décisive fut livrée à Marengo. Il y eut en réalité trois actions.. Dans les deux premières, de quatre heures du matin à midi et de midi à trois heures, les Français, attaqués par des forces doubles des leurs, chargés à tout instant par une formidable cavalerie, foudroyés par plus de deux cents bouches à feu, durent reculer. Déjà le général ennemi, M. de Mélas, expédiait des courriers à tous les souverains de l'Europe pour leur annoncer sa victoire. Mais

Desaix et Bonaparte à Marengo.

Desaix, qui avait été envoyé la veille dans la direction du sud pour chercher les Autrichiens qu'on ne savait pas à Marengo, entendant le bruit du canon, revient en toute hâte rejoindre l'armée française. « La bataille est perdue, lui dit Bonaparte. — Oui, reprend Desaix en regardant sa montre; mais il n'est que trois heures et nous avons le temps d'en gagner une autre. » Et il fond sur les Autrichiens. Il est tué, mais la victoire nous reste (14 juin 1800). Le même jour, Kléber, resté en Égypte, était assassiné.

Résumé. — 1. Bonaparte, devenu Premier Consul, créa les départements, fit rédiger les Codes, établit la Légion d'honneur et signa le Concordat.

2. Par la grande victoire de Marengo, il força les Autrichiens à signer de nouveau la paix.

Exercices. — *Montrez que si Bonaparte a remporté tant de beaux succès, il le doit, en dehors de son génie militaire, à l'audace, aux talents de ses généraux et au courage de ses troupes.*

Questionnaire. — 1. Quel titre prit Bonaparte après le 18 brumaire ? — 2. Quelles sont les réformes qu'il fit ? — 3. Qu'est-ce que le Concordat ? — 4. Où furent vaincus les Autrichiens ?

L'EMPIRE (1804-1815) — 1° LES SUCCÈS

1. En 1804, Bonaparte se fait couronner empereur sous le nom de **Napoléon Ier**.

2. Il bat à **Austerlitz** (1805) les Autrichiens et les Russes, à **Iéna** les Prussiens (1806), puis à **Eylau** et **Friedland** les Russes (1807).

3. Il fait ensuite alliance avec la Russie à **Tilsitt**. En 1808, il conquiert le Portugal et attaque l'Espagne.

4. En 1809, les Autrichiens sont vaincus à **Eckmühl**, puis, après la bataille indécise d'**Essling**, à **Wagram**. La fille de leur empereur, Marie-Louise, épouse Napoléon. De ce mariage naquit un prince qui fut appelé le **Roi de Rome**.

RÉCITS

Napoléon à Austerlitz. — La bataille eut lieu le 2 décembre, jour anniversaire du couronnement. La veille au soir, l'empereur avait voulu visiter les campements de ses troupes. Il fut vite reconnu. Alors, les soldats, sortant de leurs tentes, allument des feux de paille, les placent au bout de leurs perches et accompagnent leur souverain au quartier général dans une immense « retraite aux flambeaux », comme on n'en a jamais vu de pareille, promettant de lui amener les drapeaux et l'artillerie des Russes pour célébrer l'anniversaire du couronnement. Et, le lendemain, ils firent comme ils avaient promis. Les ennemis, qui avaient cru tourner les Français, furent bientôt accablés, jetés en désordre sur des étangs gelés, dont Napoléon fit casser la glace à coups de boulets et où ils périrent par milliers.

Batailles d'Auerstaedt et de Friedland. — Napoléon avait, pour commander ces admirables soldats de la **Grande Armée**, des lieutenants dignes de lui. A **Auerstaedt**, Davout, avec 26.000 hommes, bat 60.000 Prussiens, leur tue trois généraux, dix mille soldats et leur prend 115 pièces de canon, alors qu'il n'en avait lui-même que 44, ce qui faisait dire à un

---

Notes explicatives. — **Austerlitz, Eckmühl, Essling, Wagram,** Autriche. — **Iéna, Auerstaedt, Eylau, Friedland, Tilsitt,** Allemagne. — Napoléon avait épousé, alors qu'il était simple général, Joséphine Beauharnais. Il divorça avec elle en 1810 afin de pouvoir épouser Marie-Louise.

officier prussien que les Français « deviennent au feu des êtres surnaturels » A **Friedland**, Ney coupe les ponts, occupe la ville sous une pluie de mitraille, avec une bravoure et un calme tels que Napoléon s'écrie : « Cet homme est un lion. » Dans cette bataille une batterie de 30 pièces fut audacieusement postée à moins de soixante mètres des ennemis et les broya « comme des grains de blé sous une meule ».

Napoléon à Tilsitt. — L'alliance russe fut signée à **Tilsitt**, sur un radeau placé au milieu du fleuve le Niémen. On y avait édifié un grand salon avec deux portes d'entrée faisant face aux deux rives opposées, le toit surmonté par les aigles de France et de Russie. Les deux armées étaient rangées en bataille sur chaque rive. Napoléon et Alexandre s'embarquèrent en même temps. Napoléon arriva le premier et alla recevoir son adversaire. Ils se jetèrent dans les bras l'un de l'autre. « Je hais les Anglais autant que vous, » telle fut la première parole du tzar. — « En ce cas, répondit Napoléon, la paix est faite. » Cette alliance n'était pas durable, chacun des deux souverains voulant en recueillir pour lui seul tous les bénéfices.

Bataille d'Essling. — A Essling, la situation des Français fut très critique. Napoléon n'avait pu faire passer qu'une partie des troupes, les ponts du Danube ayant été rompus par une crue du fleuve. Lannes et Masséna tinrent pendant plus de trente heures contre des forces quatre fois supérieures. Cette bataille fut attristée par la mort de Lannes qui, vers le soir, eut les deux genoux fracassés par un boulet. L'armée française dut battre en retraite, par les ponts rétablis, sans laisser sur l'autre rive ni un homme ni un canon. Masséna passa le dernier sous le feu de l'artillerie ennemie. Avec de tels hommes tous les prodiges étaient possibles.

Résumé. — 1. Napoléon Ier ne cessa de faire la guerre. Il remporta les victoires d'Austerlitz, d'Iéna, d'Eylau, de Friedland et fit alliance avec les Russes à Tilsitt.

2. Il voulut ensuite conquérir l'Espagne, et, de nouveau vainqueur des Autrichiens à Wagram, épousa la fille de l'empereur, Marie-Louise.

Questionnaire. — 1. Quel titre prend Bonaparte en 1804 ? — 2. Où sont vaincus les Autrichiens et les Russes en 1805, les Prussiens en 1806, les Russes en 1807 ? — 3. De quel pays Napoléon Ier devient-il l'allié à Tilsitt ? — 4. Quels succès remporte-t-il sur les Autrichiens en 1809 ? Qui épouse-t-il et qu'est-ce que le Roi de Rome ?

L'EMPIRE ; 2° LES REVERS

1. Napoléon se brouille avec le tzar en 1812 et fait la funeste **expédition de Russie** qui, après la grande victoire de la **Moscowa** et la prise de Moscou, se termine par une retraite désastreuse.

2. La Prusse, l'Autriche, la Suède se joignent alors aux Russes. Napoléon est défait à **Leipzig** (1813) et la France est envahie en 1814.

3. Les alliés s'emparent de Paris. Napoléon abdique à Fontainebleau et part pour l'**île d'Elbe** qui lui a été assignée comme résidence. Un frère de Louis XVI lui succède sous le nom de **Louis XVIII.**

4. Napoléon revient bientôt de l'île d'Elbe. Vaincu à **Waterloo**, il abdique de nouveau (1815) et est envoyé à **Sainte-Hélène**, où il meurt six ans après.

RÉCITS

Prise de Moscou. — Une grande bataille eut lieu près de Moscou, sur les bords de la rivière la Moscowa. Le maréchal Ney et Murat s'y distinguèrent par leur héroïsme. La mitraille faisant rage, ils obligeaient leurs hommes à se coucher par terre, restant seuls debout sous cette tempête. Quant aux Russes, sabrés enfin par les cuirassiers du prince Eugène, ils battirent en retraite pas à pas, sous le feu de trois cents pièces de canon, sans que cette retraite pût être changée en déroute. Vainqueurs et vaincus furent donc également admirables. Napoléon entra dans Moscou; mais le gouverneur russe n'en était parti qu'après avoir emporté toutes les pompes à incendie et ouvert les prisons aux malfaiteurs, avec ordre de mettre le feu à la ville. Bientôt des incendies éclatèrent de toutes parts et Moscou fut en flammes. Ce patriotisme sauvage et aussi la rigueur du froid décidèrent Napoléon à la retraite.

La retraite. — Les Russes avaient, en effet, un allié puissant, leur rude climat, ou, comme ils disaient : « le gé-

---

Notes explicatives. — La **Moscowa**, **Moscou**, la **Bérésina**, Russie. — **Leipzig**, Allemagne. — **Fontainebleau**, Seine-et-Marne. — **Ile d'Elbe**, Italie. **Sainte-Hélène**, Afrique. — **Murat**, général de cavalerie, beau-frère de Napoléon et roi de Naples. — **Le prince Eugène**, beau-fils de Napoléon.

néral Hiver ». C'est au milieu de tourmentes de neige, par un froid de trente degrés, que nos pauvres soldats, égarés à cinq cents lieues de leur pays, durent faire une retraite désastreuse. Là encore ils firent preuve d'un courage extraordinaire. On vit Ney passer sur le corps à quatre-vingt mille Russes avec six mille hommes, puis, plus tard, couvrir la retraite en faisant le coup de feu comme un simple soldat, et enfin, renouvelant l'exploit de Bayard, défendre seul un pont contre les régiments ennemis. Pour édifier des ponts sur la Bérésina, rivière qu'il fallait passer, le général Eblé et ses pontonniers restèrent vingt-quatre heures dans l'eau glacée sous un feu épouvantable. Ceux qui ne furent pas noyés moururent presque tous des suites de ce bain prolongé ; mais les Français purent passer.

Waterloo. — Quand Napoléon fut revenu de l'île d'Elbe, la guerre recommença. La bataille principale eut lieu à **Waterloo**. Le général ennemi, Wellington, avait donné à ses soldats comme unique consigne : « tenir jusqu'au dernier homme ». Les Anglais allaient être cependant vaincus, après une magnifique attaque de Ney, quand le canon retentit à notre droite. C'était l'armée du Prussien Blücher qui arrivait. Alors la confusion se mit dans les rangs français et la déroute commença. Napoléon voulait se faire tuer ; ses généraux l'en empêchèrent. La vieille garde fut admirable à ce moment. Elle se forma en carrés pour résister, mais fut bientôt détruite par un ennemi trente fois plus nombreux. Il ne restait plus que quelques hommes. Leur général, Cambronne, sommé de se rendre, refusa, et cette poignée de héros chargea désespérément à la baïonnette les milliers de Prussiens et d'Anglais qui les entouraient. Ils restèrent à peu près tous sur le champ de bataille.

Résumé. — 1. L'expédition de Russie (1812), terminée, après la prise de Moscou, par une retraite désastreuse, prépara la chute de Napoléon.

2. Ce prince, vaincu à Leipzig (1813), fut relégué à l'île d'Elbe. Il en revint, mais perdit la grande bataille de Waterloo (1815) et dut partir pour l'île de Sainte-Hélène, où il mourut en 1821.

Questionnaire. — 1. Quels sont les grands succès de l'expédition de Russie ? Comment se termina cette expédition ? — 2. Où Napoléon fut-il vaincu en 1813 ? — 3. Quel fut le résultat de l'invasion de la France ? Où Napoléon fut-il envoyé et par qui fut-il remplacé ? — 4. Quelle grande bataille fut livrée en 1815 ? Où mourut Napoléon ?

L'armée française
au mont Saint-Bernard.

Ascension de la montagne.

Descente de la montagne.

La veille de la bataille
d'Austerlitz.

Napoléon donnant des ordres
à ses généraux.

Entrevue de Tilsitt.

Napoléon quitte Moscou incendiée. — Retraite de Russie. — Passage de la Bérésina.

Napoléon fait ses adieux à ses troupes avant de partir pour l'île d'Elbe — Cambronne à Waterloo. — Napoléon à Sainte-Hélène.

NEUVIÈME PÉRIODE

1. Le Consulat et l'Empire furent des époques très glorieuses pour la France. A l'intérieur, Bonaparte réorganisa l'administration. Au dehors, il remporta les immortelles victoires de Marengo, Austerlitz, Iéna, Friedland, Wagram.

2. Malheureusement l'ambition de ce grand homme de guerre finit par être funeste au pays. L'expédition de Russie fut désastreuse. L'empereur subit ensuite la grande défaite de Leipzig. Envoyé à l'île d'Elbe, il en revint, pour le plus grand malheur de ses sujets, fut définitivement écrasé à Waterloo et mourut à l'île de Sainte-Hélène après six ans de captivité.

3. Malgré son génie, il laissait la France épuisée et plus petite même qu'avant 1789.

TABLEAU RÉCAPITULATIF

Le Consulat **(1800-1804)**	Réorganisation de la France : les départements ; les Codes ; la Légion d'honneur ; le Concordat. Défaite des Autrichiens à Marengo (1800).
L'Empire **(1804-1815)**	Défaites des Autrichiens à Austerlitz (1805), des Prussiens à Iéna et Auerstaedt (1806), des Russes à Eylau et Friedland (1807) ; traité de Tilsitt : alliance russe (1807). Défaites des Autrichiens à Eckmühl et Wagram (1809). Mariage de Napoléon avec Marie-Louise ; naissance du Roi de Rome. Rupture de l'alliance russe ; expédition de Russie : prise de Moscou ; passage de la Bérésina. Défaite de Leipzig (1813). Napoléon à l'île d'Elbe. Louis XVIII (1814). Retour de l'île d'Elbe ; défaite de Waterloo (1815). Captivité et mort de Napoléon à Sainte-Hélène.

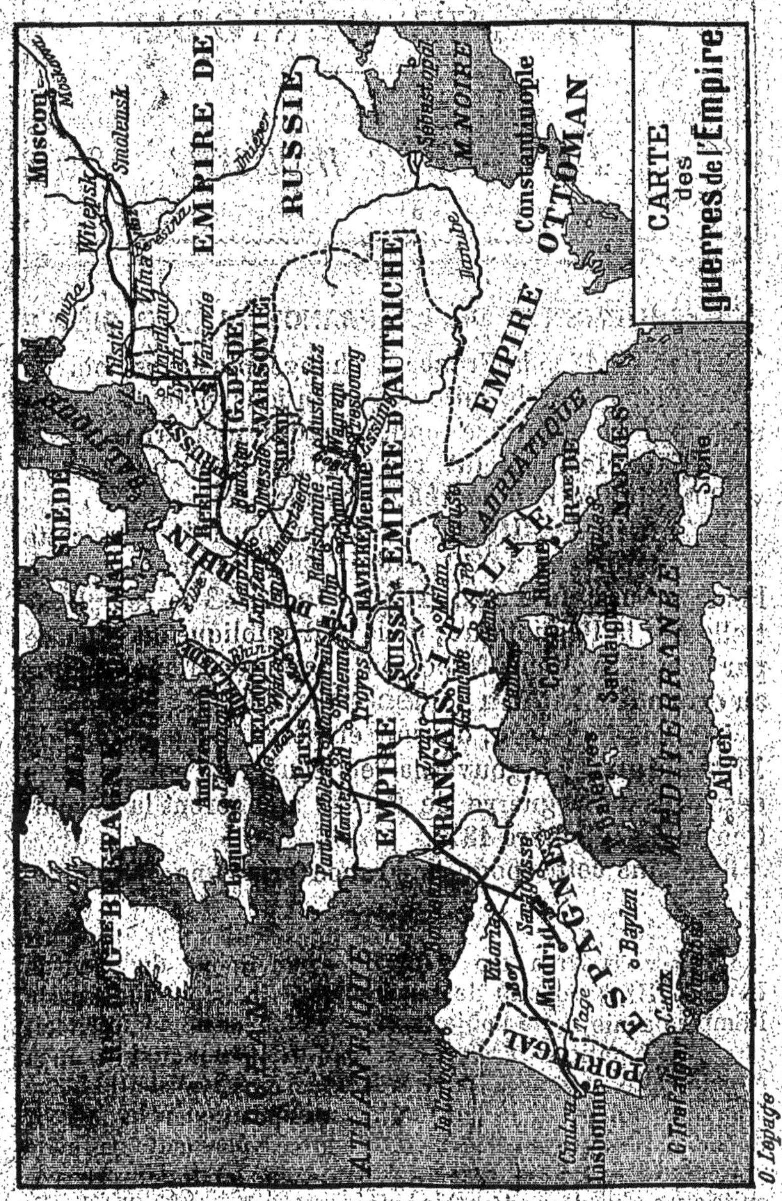
CARTE
des
guerres de l'Empire
Moscou
Moscowa
Smolensk
Witepsk
EMPIRE DE
RUSSIE
Dnieper
Dniester
MER NOIRE
Constantinople
EMPIRE OTTOMAN
EMPIRE D'AUTRICHE
G.-D. DE VARSOVIE
Iéna
Ratisbonne
Austerlitz
Wagram
Essling
Vienne
Presbourg
SUÈDE
DANEMARK
SUISSE
EMPIRE FRANÇAIS
Paris
MER ADRIATIQUE
ITALIE
MER DE MARMARA
MÉDITERRANÉE
Alger
CORSE
Sardaigne
Syrie
ESPAGNE
PORTUGAL
Madrid
Baylen
Tage
Lisbonne
Cintra
Trafalgar
Gibraltar
OCÉAN ATLANTIQUE
O. Lafaye.

DIXIÈME PÉRIODE

La France moderne

GOUVERNEMENTS DE LA FRANCE AU XIXe SIÈCLE

1. Depuis 1815 la France a changé plusieurs fois de gouvernement, à la suite de révolutions violentes, amenées par la mauvaise politique des gouvernants.

2. **Charles X** fut renversé en 1830 pour avoir voulu rétablir la monarchie absolue.

3. **Louis-Philippe**, porté au pouvoir par cette **révolution de 1830**, oublia vite ses promesses de liberté. Aussi la **révolution de 1848** le remplaça-t-elle par la République ; mais la République fut détruite par le prince Louis-Napoléon, neveu de Napoléon Ier, au **coup d'Etat du 2 décembre 1851**.

4. Louis-Napoléon, devenu empereur sous le nom de **Napoléon III**, gouverna en souverain absolu. Les désastres de la guerre de Prusse amenèrent la révolution du 4 septembre 1870.

5. Depuis cette époque la France forme une république.

RÉCITS

1. Révolution de 1830. — Au début du règne de Louis XVIII, beaucoup de serviteurs de la République et de l'Empire avaient été l'objet, soit de violences populaires, soit de condamnations prononcées par les tribunaux, et on a appelé cette époque la *Terreur blanche* ou royaliste (le blanc étant la couleur de la royauté), par opposition à la Terreur de 1793. La plus illustre victime de ces persécutions fut le maréchal Ney, fusillé à Paris en 1815. Louis XVIII gouverna ensuite avec plus de modération ; mais son successeur, Charles X, sans recommencer la Terreur blanche, entendit rétablir l'ancienne monarchie avec le pouvoir absolu. En 1830, par les ordonnances du 26 juillet, il renvoya la Chambre et suspendit la liberté de la presse. Aussitôt les journalistes de Paris protestent ; puis des républicains, conduits par **Godefroy Cavaignac**, élèvent des barricades dans Paris. Le ministre Polignac ne s'attendait pas à cette résistance. Il avait dit : « Je connais les Parisiens ; un bonnet à poil, placé sur les tours Notre-Dame, les fera tenir tranquilles. » Il dut bientôt voir qu'il s'était trompé, car la population de Paris prit d'assaut le Louvre, les Tuileries. Charles X fut obligé de quitter la France.

Révolution de 1830 :
le Louvre pris d'assaut.

Révolution de 1848.
Aux armes, on assassine nos frères !

La révolution de 1848. — Son cousin, le duc d'Orléans, Louis-Philippe, fut alors proclamé roi par la Chambre. Il promit solennellement d'être « la meilleure des républiques », c'est-à-dire de donner tout le pouvoir à la nation. Mais bientôt, avec son ministre **Guizot**, il voulut gouverner comme un roi absolu. Le 23 février 1848, le peuple de Paris, las de ce régime, demanda le renvoi du ministère. Sur le boulevard des Capucines, des coups de feu furent tirés par la troupe et plusieurs manifestants tombèrent morts ou blessés. Aussitôt on mit leurs corps dans des charrettes, qui furent promenées à la lueur des torches pendant que de toutes parts retentissait le cri : « Aux armes, on assassine nos frères ! » Le lendemain, des barricades s'élevaient. Louis-Philippe dut s'enfuir ; la République fut proclamée.

Coup d'État du 2 décembre 1851. — Les Français, trop confiants, eurent ensuite le tort de nommer président de la République le prince Louis-Napoléon. Ce prince jura de servir et de défendre le gouvernement que la France s'était librement donné. Au mépris de sa parole, il le détruisit. Dans la nuit du 2 décembre 1851 il fit arrêter tous les députés qui auraient pu s'opposer à cette violation de la loi. La population parisienne, d'abord surprise, essaya ensuite de résister ; elle fut dispersée par la fusillade sur les boulevards, pendant qu'en province les républicains étaient arrêtés et condamnés. Un an après l'empire était rétabli.

Coup d'État du 2 décembre :
les députés républicains arrêtés.]

Révolution du 4 septembre :
la foule demande la déchéance de
l'empereur.

Révolution du 4 septembre. — Le second empire fut combattu par les républicains, mais d'abord sans succès. Cependant lorsque, le 4 septembre 1870, on apprit à Paris la capitulation de Sedan, une véritable indignation s'empara de la foule, qui se porta à la Chambre des députés et demanda la déchéance de l'empereur. Aussitôt la République fut proclamée et les députés de Paris constituèrent le gouvernement, dit de la *Défense nationale,* qui, s'il ne sauva pas la France, eut du moins l'honneur de lutter tant que ce fut possible.

Résumé. — Au XIXe siècle, la France a changé plusieurs fois de gouvernement. La révolution de 1830 renversa Charles X, celle de 1848 Louis-Philippe. La 2e République fut détruite par le coup d'État du 2 décembre 1851. Le second empire disparut devant la révolution du 4 septembre 1870. Depuis cette époque la France est en République.

Exercices. — *Quelle conclusion tirez-vous de l'histoire des gouvernements de la France au XIXe siècle ?*

Questionnaire. — 1. Pourquoi la France a-t-elle changé plusieurs fois de gouvernement depuis 1815 ? — 2. Quel prince fut renversé par la révolution de 1830 ? — 3. Contre qui fut dirigée la révolution de 1848 ? Par qui et comment la république de 1848 a-t-elle été détruite ? — 4. Qu'est-ce que la révolution du 4 septembre 1870 ? — 5. Quel est le gouvernement actuel de la France ?

LES GUERRES DE LA FRANCE AU XIXᵉ SIÈCLE

1. Sous Louis XVIII, les armées françaises firent une courte **expédition en Espagne** pour rétablir le roi de ce pays, que ses sujets avaient chassé. Sous Charles X, elles contribuèrent à la **délivrance de la Grèce**, alors sujette des Turcs.

2. Napoléon III fit de nombreuses guerres : la **guerre de Crimée**, marquée par la **prise de Sébastopol** (1855) ; la **guerre d'Italie**, où nos troupes furent victorieuses à **Magenta** et à **Solférino** (1859) ; l'**expédition du Mexique**, qui n'eut aucun résultat (1862-1867) ; enfin, la funeste **guerre de Prusse**, où la France, mal préparée, fut vaincue.

3. Après la capitulation de Sedan (2 septembre 1870), le gouvernement de la Défense nationale continua la guerre contre les Prussiens ; mais il ne put les vaincre. Paris capitula, et il fallut signer une paix désastreuse, qui nous enlevait l'Alsace et une partie de la Lorraine (1871).

RÉCITS

La guerre de Crimée. —La France avait vécu en paix avec le reste de l'Europe de 1815 à 1854. Napoléon III, bien qu'il eût dit : « L'Empire, c'est la paix », ouvrit pour notre pays l'ère des grandes luttes extérieures. De concert avec l'Angleterre, il attaqua en 1854 les Russes, qui voulaient détruire l'empire turc. La guerre eut lieu surtout en Crimée. Après avoir chassé l'armée russe à la journée de **l'Alma**, où nos zouaves,

Bataille de l'Alma.

escaladant sous un feu meurtrier des hauteurs presque inaccessibles, méritèrent d'être appelés « les premiers soldats du

Notes explicatives. — **Crimée**, presqu'île de Russie, sur la mer Noire. — **L'Alma, Inkermann, Sébastopol**, en Crimée. — **Magenta, Solférino**, Italie du Nord. — **Nice**, sur la Méditerranée. — **Savoie**, près des Alpes. — **Reichsoffen**, Alsace. — **Sedan**, dép. des Ardennes. — **Alsace et Lorraine**, à l'est de la France.

monde », les Français et les Anglais vinrent assiéger la forte place de **Sébastopol.** Le siège dura un an et fut terrible. Les troupes souffrirent beaucoup du froid, qui fut exceptionnel, et du choléra. Ajoutez à cela les attaques incessantes de la garnison russe, qui ne leur laissaient pas un instant de repos. Plusieurs batailles furent livrées. Dans une d'elles, à **Inkermann**, les Anglais, malgré leur héroïsme, faillirent être écrasés et ne durent leur salut qu'à l'arrivée inopinée des zouaves du général Bosquet. Enfin, le 8 septembre 1855, à midi, eut lieu

L'armée française
s'empare de la tour de Malakoff.

l'attaque générale de Sébastopol. L'armée française s'empara de la tour Malakoff, ouvrage avancé qui commandait la place. On prétend que le général de Mac-Mahon, dont la division s'était établie dans cet ouvrage, prévenu que la tour était minée et allait sauter, répondit à ceux qui le pressaient de se retirer : « J'y suis, j'y reste. » La ville tomba ainsi entre nos mains.

Guerre d'Italie. — Napoléon III voulait délivrer l'Italie du Nord qui était soumise aux Autrichiens. Il s'allia au roi de Sardaigne Victor-Emmanuel, et la guerre éclata avec l'Autriche en 1859. Une grande bataille eut lieu à **Magenta.** L'empereur commit

Lutte dans les rues de Magenta.

l'imprudence d'attaquer, avec des forces inférieures (sept mille hommes), quarante mille Autrichiens protégés par un canal, par des haies et des talus. Tous ces obstacles furent néanmoins emportés ; mais nos troupes allaient être accablées dans cette lutte inégale. Tout à coup, les Autrichiens reculent. C'est Mac-Mahon, qui arrive avec sa division et les refoule dans les rues de Magenta, où une lutte terrible a lieu au milieu des maisons, des cours et des jardins. La victoire nous reste. L'armée autrichienne fut encore vaincue à **Solférino** et elle aurait été anéantie, sans un orage épouvantable qui arrêta la bataille. L'empereur d'Autriche signa la paix (1859). L'année suivante, Napoléon III obtenait des Italiens la cession de Nice et de la Savoie.

Guerre de 1870. — Dans la guerre de 1870, la victoire trahit nos drapeaux, mais l'héroïsme des soldats français sauva l'honneur. A la bataille de **Reichsoffen** Mac-Mahon, vaincu, ordonne à deux régiments de cuirassiers de charger pour protéger la retraite de son armée. Ces 1500 cavaliers s'élancent, escaladent dans une course furieuse les talus, les haies, et se font tuer à peu près jusqu'au dernier. Ce beau dévouement empêcha la défaite de se changer en déroute. Une autre charge célèbre est celle des chasseurs d'Afrique à **Sedan.** Leur chef, l'héroï-

La charge de Reichsoffen.

que général Margueritte, se précipite à leur tête. Atteint par une balle qui lui traverse la bouche et lui coupe la langue, il ne peut plus parler, mais il agite encore son épée pour commander la charge, jusqu'au moment où il tombe. Le roi de Prusse Guillaume, qui contemplait la lutte, ne put s'empêcher de s'écrier : « Les braves gens ! » Quel plus bel hommage que celui arraché ainsi à un ennemi surpris de tant de vertu ? Cet héroïsme fut malheureusement inutile, et la guerre de 1870 sépara violemment de la patrie française les Alsaciens et les Lorrains qui, du moins, sont restés Français de cœur.

Résumé. — 1. La France a fait des guerres heureuses en ce siècle: la guerre de Crimée, marquée par la prise de Sébastopol, et la guerre d'Italie, avec les victoires de Magenta et de Solférino.

2. Mais, en 1870, elle a été vaincue par les Prussiens, qui lui ont enlevé l'Alsace et la Lorraine.

Exercices. — *Comparez le règne de Napoléon Ier et celui de Napoléon III. — Montrez que les mêmes fautes ont amené les mêmes malheurs.*

Questionnaire. — 1. Quelles sont les guerres que firent Louis XVIII et Charles X ? — 2. Quelles furent les victoires de Napoléon III ? — 3. Quel revers marqua, sous ce prince, la guerre de Prusse ? Quel est le gouvernement qui continua cette guerre ? Quelles provinces la France a-t-elle perdues en 1871 ?

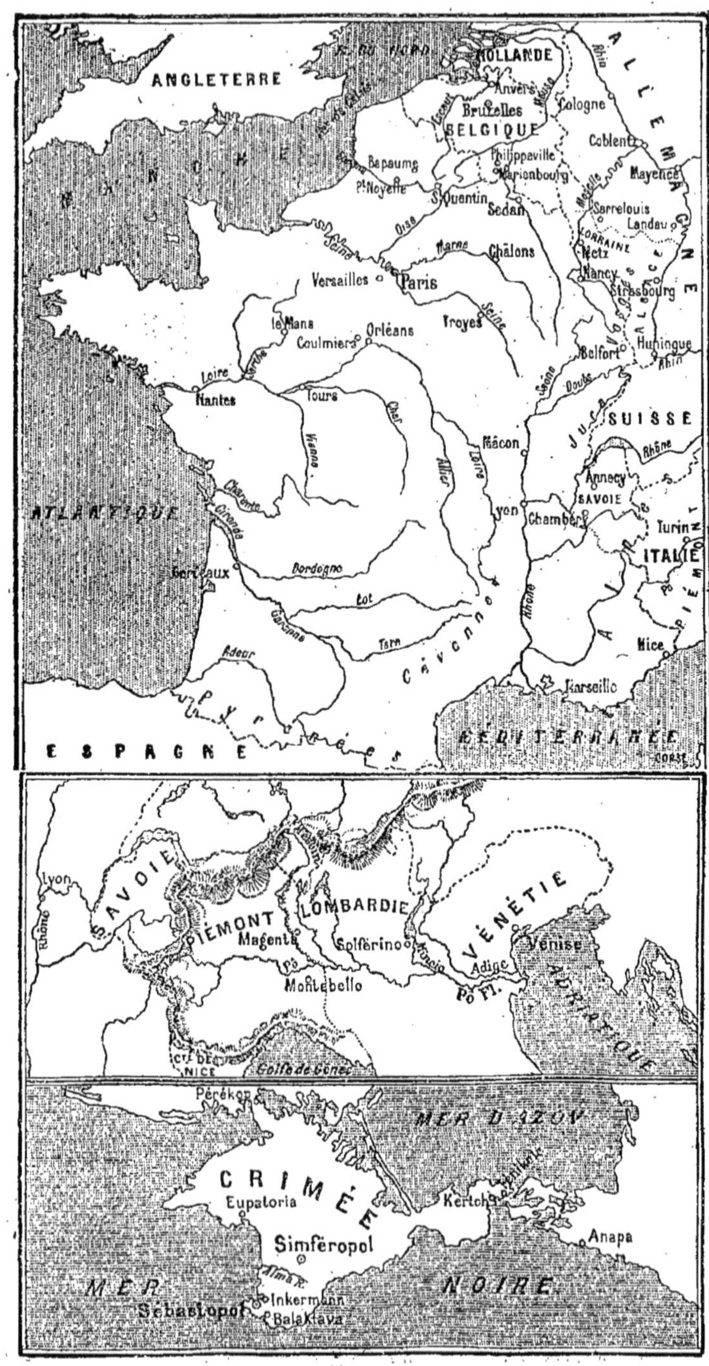
ANGLETERRE
MER DU NORD
HOLLANDE
Rhin
ALLEMAGNE
Anvers
Bruxelles
Cologne
BELGIQUE
Coblentz
Escaut
Meuse
Philippeville
Mayence
Bapaume
Marienbourg
Moselle
P Noyelle
Sarrelouis
VOSGES
S Quentin
Landau
Oise
Sedan
LORRAINE
Châlons
Metz
Seine
Marne
Nancy
Versailles
Paris
Strasbourg
ALSACE
Troyes
Seine
le Mans
Orléans
Belfort
Huningue
Coulmiers
Sarthe
Rhin
Loire
Saône
Doube
Nantes
Tours
Cher
JURA
SUISSE
Vienne
Loire
Allier
Mâcon
Rhône
ATLANTIQUE
Charente
Annecy
Bordeaux
Gironde
Lyon
SAVOIE
Chambéry
Turin
Dordogne
Lot
Rhône
Nice
Garonne
Tarn
ALPES
PIÉMONT
ITALIE
Adour
Cévennes
Marseille
Pyrénées
MÉDITERRANÉE
ESPAGNE
CORSE
Lyon
Rhône
SAVOIE
PIÉMONT
LOMBARDIE
VÉNÉTIE
Magenta
Solférino
Venise
Pô
Montebello
Adige
Mincio
Pô Ft.
ADRIATIQUE
Cte DE NICE
Golfe de Gênes
Pérékop
MER D AZOV
CRIMÉE
Eupatoria
Kertch
Anapa
Simféropol
MER
Alma R.
NOIRE
Sébastopol
Inkermann
Balaklava

LES EXPÉDITIONS COLONIALES

1. Le gouvernement de Charles X entreprit en 1830 la conquête de l'**Algérie**, qui fut achevée sous le règne de Louis-Philippe, après une longue lutte soutenue contre le chef arabe **Abd-el-Kader**.

2. Sous le second empire, la **Nouvelle-Calédonie** et la **Cochinchine** furent acquises, et un officier de grand mérite, **Faidherbe**, étendit considérablement notre colonie du **Sénégal**.

3. C'est la troisième république qui a surtout développé l'empire colonial français. Elle a conquis de nombreux territoires en Afrique (le **Soudan**, **Tombouctou**, le **Dahomey**, la **Tunisie**, le **Congo**, **Madagascar**) et, en Asie, l'**Indo-Chine**.

4. Ces luttes lointaines ont mis en relief l'héroïsme du soldat français et préparé, pour l'avenir, d'importants débouchés à notre commerce et à notre industrie.

RÉCITS

Prise d'Alger. — Le dey d'Alger avait, en 1827, frappé le consul français d'un coup d'éventail. Le gouvernement de Charles X, après avoir vainement demandé satisfaction pendant trois ans, entreprit une expédition contre l'Algérie. L'armée française s'empara d'Alger, le 5 juillet 1830. Quelques jours après, Charles X était renversé et remplacé par Louis-Philippe.

Prise de Constantine. — Le nouveau roi hésita longtemps avant de continuer la conquête, qui présentait d'ailleurs de grandes difficultés. L'Algérie est, dans son ensemble, un plateau élevé et stérile, dominé par des montagnes, où les routes manquent et où quelques hommes déterminés peuvent, à l'abri des rochers, arrêter toute une armée. Au pied du plateau s'étend le désert, presque inaccessible à des Européens et abri sûr pour les gens du pays, qui savent où il y a des sources. Le gouvernement de Louis-Philippe finit cependant par poursuivre la guerre avec persé-

---

Notes explicatives. — L'Isly, rivière d'Algérie. — Constantine, Algérie. — Algérie, Sénégal, Tombouctou, Tunisie, Dahomey, Afrique du Nord. — Congo, Madagascar, Afrique du sud. — Cochinchine, Tonkin, Annam dans l'Indo-Chine, Asie.

vérance. Un des plus beaux faits d'armes fut la prise de Constantine en 1837. La ville est sur un rocher escarpé. Il fallut gravir, dans un assaut furieux, les pentes raides qu'elle commande, puis, la brèche faite, prendre rue par rue, maison par maison. Notre domination fut dès lors assurée à l'est de l'Algérie.

Abd-el-Kader. — Dans l'ouest de ce pays, la France eut à combattre un ennemi plus redoutable encore, l'émir

Prise de Constantine.　　　　　　　　Prise de la Smala.

Abd-el-Kader. Il souleva ses compatriotes contre les Français et fit une guerre de surprises, propre à épuiser des troupes déjà fatiguées par le climat. Vaincu, il se retirait dans le désert où on ne pouvait le poursuivre, puis revenait avec de nouvelles forces, pour disparaître de nouveau au premier mouvement de l'ennemi. Le maréchal Bugeaud eut enfin raison de cet ennemi insaisissable et le força à se réfugier au Maroc. Mais les Marocains prirent les armes. Ils furent vaincus à la bataille de l'Isly où notre armée, formée en carrés comme aux Pyramides, résista à toutes les attaques des cavaliers ennemis. Abd-el-Kader se rendit quelques années plus tard (1847). Retenu prisonnier en France, il fut mis en liberté par Napoléon III et, depuis lors, resta notre ami. On raconte qu'en 1870 des émissaires prussiens vinrent le presser de soulever l'Algérie contre les Français. Il ne leur répondit pas tout d'abord, puis il les quitta un instant. Quand il revint, il portait, passé autour de sa poitrine, le grand cordon de la Légion d'honneur, qui lui avait été donné autrefois par l'empereur. Les Prussiens comprirent et se retirèrent sans insister.

La France en Afrique. — La conquête de l'Algérie a été complétée par celle de la Tunisie en 1881. Notre colonie du Sénégal s'est aussi considérablement développée, et aujourd'hui la France possède presque toute l'Afrique du Nord. Dans l'Afrique du Sud elle a colonisé le Congo et conquis l'île de Madagascar, bonne position qui commande la route de l'Océan Indien.

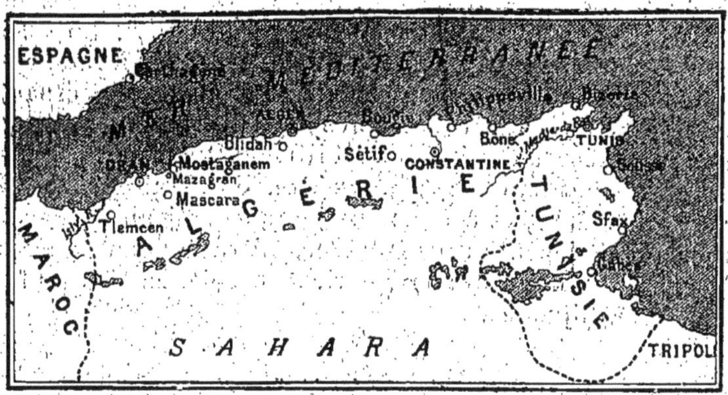

La France en Asie. — En Asie, les progrès ne furent pas moins rapides. La 3e république nous a donné dans ce pays un immense empire : le Tonkin, l'Annam, la Cochinchine. Aussi l'Angleterre est-elle aujourd'hui la seule puissance du monde qui possède plus de colonies que nous.

Les héros français. — Dans ces luttes coloniales, les actes héroïques ne furent pas rares. En Algérie, le capitaine Lelièvre, avec 123 soldats, résiste pendant quatre jours à 12.000 Arabes ; le duc d'Aumale, fils de Louis-Philippe, à la tête d'une poignée d'hommes, s'empare de la Smala d'Abd-el-Kader (sorte de capitale) que défendaient plusieurs milliers de cavaliers. Au Tonkin, Francis Garnier, presque seul, conquiert d'immenses étendues de territoire ; le sergent Bobillot et le commandant Dominé soutiennent, dans une petite place sans remparts, un siège extraordinaire contre dix mille Chinois et, au moment même où la ville est délivrée par une armée du secours, Bobillot meurt des fatigues qu'il a subies.

Parmi les héros de ces entreprises, une place à part doit être réservée à M. de Brazza, qui fut le véritable créateur du Congo français. Ce ne sont pas seulement les fatigues subies, les dangers affrontés, les souffrances patiemment supportées, les territoires conquis à la civilisation qui valurent à M. de Brazza sa grande et légitime réputation ; il faut louer aussi en lui un souci constant de justice et d'humanité. Il ne versa pas le sang, et sa conquête s'accomplit uniquement par la persuasion et la douceur, alors que trop souvent les explorateurs procèdent d'autre sorte. Cette belle vie de héros désintéressé et pacifique s'est noblement terminée. En 1905, M. de Brazza, bien que de santé débile, consentit à retourner au Congo pour faire une enquête sur des actes de cruauté reprochés à l'administration de ce pays. Il en rapportait tout un plan de réorganisation, quand il mourut en route, épuisé par les fatigues de ce voyage. Malade, il n'avait pas voulu écourter sa tâche, et comme aux jours de sa jeunesse aventureuse il se dépensa sans compter, n'ayant qu'un désir, se hâter pour rendre avant de mourir un dernier service à l'humanité et à la justice.

Résumé. — 1. Au XIXᵉ siècle la France a fondé un grand empire colonial.

2. Elle a acquis l'Algérie, la Tunisie, le Soudan, le Dahomey, le Congo, Madagascar, l'Indo-Chine.

Exercices. — *Quel intérêt un pays peut-il avoir à posséder des colonies ? (Extension de l'influence de ce pays, débouchés fournis au commerce.) — Comparez l'empire colonial français à celui de la Russie, de la Hollande. — Montrez comment la France du XIXᵉ siècle a réparé les erreurs coloniales de l'ancienne royauté.*

Questionnaire. — 1. Par qui a été entreprise la conquête de l'Algérie ? — Quel a été le grand adversaire des Français dans ce pays ? — 2. Quelle colonie fut acquise sous le second empire ? — 3. Quelles sont les possessions lointaines que nous devons à la troisième République ? — 4. Quels ont été les avantages des expéditions coloniales ?

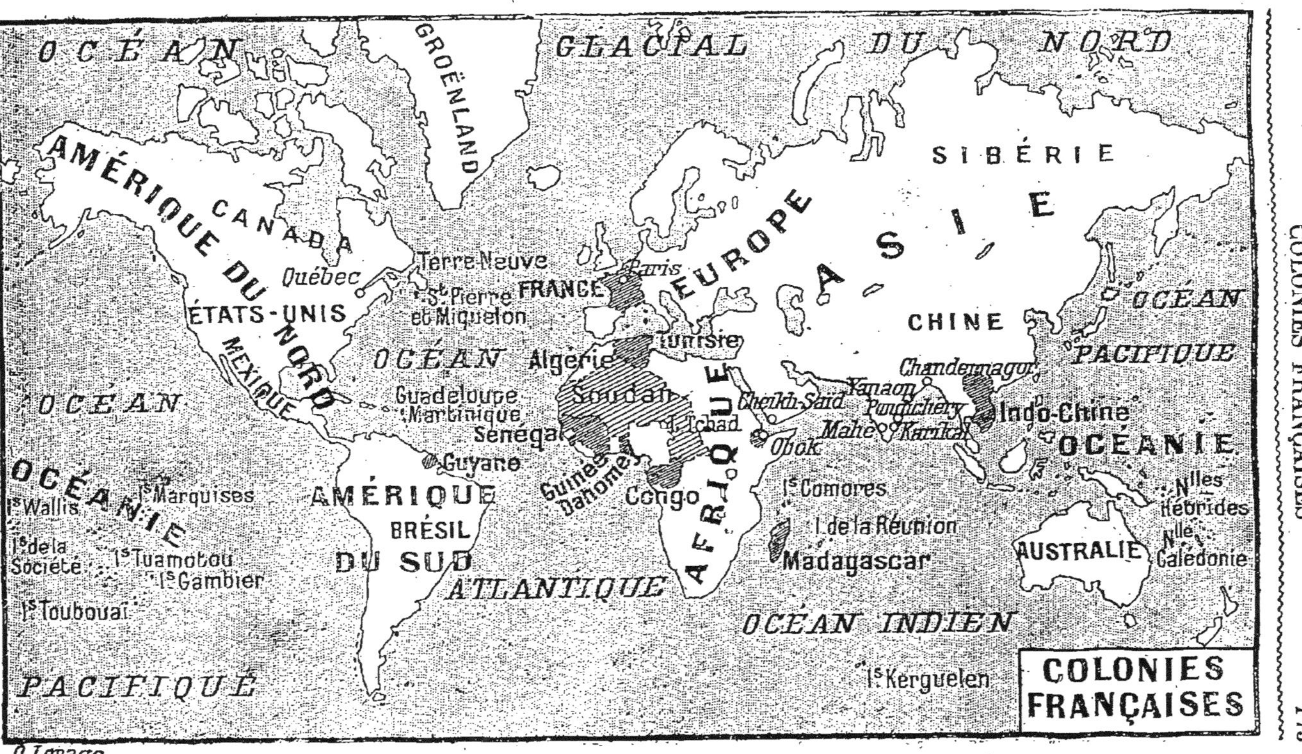

OCÉAN GLACIAL DU NORD
GROËNLAND
SIBÉRIE
AMÉRIQUE DU NORD
CANADA
ASIE
EUROPE
Québec
Terre-Neuve
Paris
FRANCE
CHINE
OCÉAN
St-Pierre et Miquelon
ÉTATS-UNIS
PACIFIQUE
Tunisie
OCÉAN
Algérie
Chandernagor
MEXIQUE
Yanaon
Guadeloupe
Cheikh-Saïd
Pundichéry
Martinique
Soudan
Mahé
Karikal
Indo-Chine
OCÉAN
Sénégal
Tchad
AFRIQUE
Obok
OCÉANIE
Guyane
Guinée
Dahomey
AMÉRIQUE
Congo
Is Comores
Nlles Hébrides
Is Wallis
Is Marquises
BRÉSIL
I. de la Réunion
Nlle Calédonie
Is de la Société
Is Tuamotou
DU SUD
Madagascar
AUSTRALIE
Is Gambier
ATLANTIQUE
Is Touboual
OCÉAN INDIEN
PACIFIQUE
Is Kerguelen
COLONIES FRANÇAISES
O. Lepage

L'ÉTABLISSEMENT DE LA RÉPUBLIQUE

1. En 1871, la France était vaincue, démembrée, presque ruinée. Une guerre civile, appelée la **Commune**, vint encore ajouter aux maux de la guerre étrangère.

2. Le parti républicain, porté au pouvoir par la révolution du 4 septembre, prit à tâche de rendre à notre pays sa place dans le monde, œuvre difficile, car malheureusement tous les Français n'étaient pas d'accord sur la forme du gouvernement, et certains d'entre eux, en haine de la République, auraient voulu voir se perpétuer l'agitation intérieure si nuisible pourtant à la force et à la grandeur du pays.

3. Après une période assez difficile, où se succédèrent à la Présidence **Thiers** et **Mac-Mahon**, la République, organisée par les lois de 1875, s'est définitivement établie, et sous les divers présidents : **Grévy, Carnot, Casimir Périer, Félix Faure, Loubet**, le gouvernement, dirigé par d'habiles hommes d'Etat, tels que **Gambetta** et **Jules Ferry**, pour ne citer que ceux qui sont morts depuis longtemps, a pu venir à bout de l'opposition des partis monarchiques.

RÉCITS.

Les partis d'opposition. — Il fallait d'abord faire régner l'ordre pour pouvoir travailler en paix à réparer les maux de la guerre. Malheureusement les Français n'étaient pas tous d'accord sur la forme à donner au gouvernement. La grande majorité du peuple voulait la République, mais certains regrettaient les privilèges dont eux-mêmes ou leurs parents avaient joui sous les régimes disparus. Il y en avait qui auraient voulu avoir pour roi un petit-fils de Charles X, le Comte de Chambord, qu'ils appelaient entre eux Henri V. D'autres préféraient un prince de la famille d'Orléans ; quelques-uns même, sans oser le dire tout haut, se seraient accommodés du retour de ce Napoléon III, qui avait été solennellement déclaré « responsable de la ruine et du démembrement de la France ».

L'union des républicains. — Ces trois partis n'ont pu détruire la République malgré leurs efforts, parce que, s'ils se trouvaient unis pour la combattre, ils ne s'entendaient plus sur le gouvernement à mettre à sa place.

Les républicains, au contraire, bien qu'ils n'eussent pas tous les mêmes idées, surent se mettre d'accord, et c'est ainsi que la République, en dépit des tentatives de tous ses ennemis, a fini par l'emporter.

Le triomphe de la République. — Un grand sculpteur a représenté ce triomphe de la République sur une des places de Paris. On y voit une femme qui domine le monde, portée sur un char traîné par des lions ; c'est la République. Elle n'entreprend que des œuvres de paix et de progrès, comme l'indiquent le flambleau, l'épi et le fuseau que l'artiste a réunis là pour figurer

le travail incessant et fécond d'où seule peut sortir la grandeur du pays.

Résumé. — 1. La France était à peu près ruinée en 1871.

2. L'organisation de la République par les lois de 1875 et le triomphe du parti républicain ont eu pour conséquence l'établissement de l'ordre, condition indispensable de tout progrès.

Questionnaire. — 1. Quelle était la situation de la France en 1870 ? — 2. Quels ont été les présidents de la République française ? — 3. Indiquez les résultats du gouvernement du pays par le pays.

L'ŒUVRE RÉPUBLICAINE : LE MAINTIEN DE LA PAIX

1. Depuis la troisième République, la France a vécu en paix avec toutes les nations de l'Europe, et les seules expéditions, entreprises au dehors, ont été celles qui nous ont donné nos **colonies** de **Tunisie**, du **Tonkin**, de **Madagascar**, de l'**Afrique occidentale**.

2. A la **Triple alliance** formée entre l'Allemagne, l'Autriche, l'Italie, et dirigée en réalité contre notre pays, nos gouvernants ont répondu par une alliance avec la Russie. L'Europe est ainsi partagée en deux groupes d'États de puissance à peu près égale, qui se font par suite équilibre, ce qui assure la paix générale.

3. La France s'est aussi rapprochée de l'Angleterre, qui fut autrefois son ennemie, de l'Italie, qui fait partie pourtant de la Triple alliance, et elle a conclu des traités d'arbitrage avec la plupart des grandes puissances.

RÉCITS.

Les peuples et la paix. — Notre pays avait la réputation d'aimer la guerre, et l'Allemagne ne s'est pas fait faute d'exploiter cette réputation. Or, la leçon de 1870 nous a servi. Et, d'un autre côté, c'est par la supériorité de la République sur la monarchie, que le peuple, ne dépendant plus d'un seul homme, et décidant lui-même de ses destinées, ne peut plus être conduit malgré lui à une guerre qu'il réprouve.

Les conflits armés entre peuples doivent devenir moins fréquents, puisque ce sont ceux-là surtout qui ont à y perdre qui les décident. Qu'importait à un souverain absolu la mort de ses soldats, les souffrances de ses sujets. Il n'en souffrait pas personnellement, il ne courait aucun risque lui-même. Victorieux, le profit était pour lui ; en cas de défaite, le peuple payait. Il n'hésitait donc pas. Les choses ne se passent plus ainsi, au moins dans les pays libres.

Les efforts de la France. — Les Français ont donc montré en toute occasion qu'ils réprouvaient la guerre et qu'ils ne voulaient attaquer personne, ce qui ne veut pas dire, bien entendu, qu'ils fussent disposés à se laisser molester par les autres peuples.

Après s'être donc mis en garde contre l'Allemagne par

l'alliance russe, le gouvernement de la République a cherché partout à prouver aux autres nations son désir de vivre et de travailler en paix. Il s'est rapproché de ses plus vieux ennemis, les Anglais ; il a décidé avec la plupart des États que chaque fois qu'il y aurait un différend, on le ferait trancher par un arbitre. Ce bon exemple a été suivi.

La conférence de La Haye. — L'institution de conférences comme celle de La Haye contribuera à rendre les

La conférence internationale de La Haye.

guerres plus rares. Autrefois on se battait d'abord, quitte à discuter ensuite ; aujourd'hui on commencera par discuter, et comme les peuples n'ont pas intérêt à la guerre, il y a des chances pour qu'on finisse par s'entendre.

Résumé. — 1. Depuis la troisième République, la France a suivi une politique de paix.

2. Elle a fait alliance avec la Russie, pour contrebalancer la Triple alliance, s'est rapprochée de l'Angleterre, de l'Italie.

3. Prête toujours à se défendre si on l'attaque, du moins elle ne menace personne.

Questionnaire. — Quelle est la politique suivie par la France depuis 1870 ? — Qu'est-ce que la Triple alliance ? — Avec quel pays la France est-elle alliée ?

L'ŒUVRE RÉPUBLICAINE : UNE ARMÉE NATIONALE

1. Si la République recherche la paix, elle entend du moins être à l'abri de toute attaque. Aussi a-t-elle donné tous ses soins à fortifier son territoire et à se créer une forte armée.

2. Des forteresses ont été construites partout, plus particulièrement sur les frontières de l'Est et du Sud-Est, là où le pays est le plus exposé à une invasion.

3. Les lois militaires de 1872 et de 1889 avaient multiplié le nombre des soldats. La loi de 1905, en établissant le service de deux ans égal pour tous les Français, et en abolissant toutes les inégalités que les lois précédentes laissaient subsister, a véritablement créé une **armée nationale**.

RÉCITS.

La préparation de la paix. — On a dit souvent : « Si tu veux la paix, prépare la guerre. » Le mot ne serait pas vrai si on le prenait au sens propre ; il l'est à condition qu'on l'entende ainsi : « Si tu veux vivre en paix, sois fort et montre que tu ne crains rien, car alors tu seras respecté de tous. » Donc, moins on est disposé à chercher querelle à ses voisins, plus il importe d'avoir une solide armée et de bonnes forteresses, pour qu'ils vous laissent tranquille ; c'est, pour un pays, le meilleur moyen de préparer la paix que de développer ses forces militaires, jusqu'au jour, s'il arrive jamais, où les peuples assagis s'entendront pour désarmer tous ensemble.

Armées de métier. — Autrefois, il n'y avait en France qu'une armée de métier. Ceux-là seuls étaient soldats qui s'engageaient, en principe du moins, car, lorsque les hommes manquaient, on prenait de force des recrues choisies d'ailleurs uniquement parmi les pauvres gens, sous prétexte « qu'il eût été trop dur pour un homme bien élevé d'être condamné à vivre au milieu des soldats ». La guerre était ainsi un métier réservé surtout à ceux qui ne pouvaient utilement s'employer à autre chose, et les armées de l'Ancien Régime eurent souvent une assez fâcheuse réputation sous le rapport sinon du courage, du moins de la discipline et de l'honnêteté.

La Révolution aurait bien voulu n'imposer aucune obligation militaire aux citoyens ; mais lorsque le pays fut envahi, en 1793, elle posa le principe que tous les Français devaient leur temps et leur vie au pays. Ce principe, conservé sous les régimes suivants, fut appliqué par eux sans aucun souci de l'égalité. Tous les jeunes gens âgés de 21 ans tiraient bien au sort, mais on n'incorporait que ceux qui avaient amené de *mauvais numéros*, c'est-à-dire les premiers de la liste. Et encore les riches pouvaient-ils se payer des *remplaçants* qui partaient à leur place.

La nation armée. — Ce privilège singulier et fort immoral de la fortune disparut après la guerre de 1870. La loi militaire de 1872 prétendit faire du service obligatoire pour tous une vérité, mais elle établit des exemptions nombreuses, réserva aux jeunes gens qui avaient passé certains examens la faveur de ne faire qu'un an. La loi de 1889 supprima cette faveur injustifiée et réduisit à trois ans la durée du service qui était jusque-là de cinq ans. Néanmoins ce n'est que la loi vraiment démocratique de 1905 qui a aboli toute distinction entre les Français au point de vue des obligations militaires. Tous doivent également faire deux ans de service, et il n'existe plus aucune dispense. L'armée de la France est donc bien aujourd'hui une armée nationale, animée de l'amour du pays, et où riches et pauvres, vivant ensemble, et soumis à la même discipline, apprendront à mieux se connaître, ce qui sans doute rendra les luttes de classes moins vives.

Résumé. — 1. La troisième République a créé une armée véritablement nationale.

2. Tous les Français âgés de 21 ans doivent sans aucune distinction faire deux ans de service.

Questionnaire. — Quelles sont les lois militaires de la troisième République ? — Existe-t-il encore des inégalités au point de vue du service militaire ?

L'ŒUVRE RÉPUBLICAINE : DÉVELOPPEMENT DE L'INSTRUCTION PUBLIQUE

1. Le parti républicain, soucieux de développer l'instruction primaire, condition indispensable de tout progrès, a obtenu :

Par la loi de 1881, qu'elle fût **gratuite** ;

Par la loi de 1882, qu'elle fût **obligatoire** ;

Par la loi de 1886, que, dans toute école publique payée par la commune, elle fût donnée uniquement par des instituteurs **laïques**.

2. L'enseignement secondaire est resté payant, mais on a développé le nombre des bourses réservées aux enfants pauvres et méritants.

RÉCITS.

Les lois républicaines. — Les républicains ont donc voulu que l'école primaire fût ouverte à tous. Mais l'instruction ne pouvait devenir vraiment générale qu'à condition d'être *gratuite*, *obligatoire* et *laïque :* gratuite pour que même les plus pauvres pussent en profiter ; obligatoire, parce que, sans cela, des parents ignorants ou peu soucieux de l'intérêt de leurs enfants auraient pu les priver de ce bienfait ; laïque enfin, car l'école, ouverte à tous sans distinction de religion, doit être absolument *neutre*, c'est-à-dire dégagée de toute préoccupation religieuse.

Ce résultat a été atteint par les trois lois citées plus haut.

Le savant et l'instituteur. — Aujourd'hui donc les enfants, même les plus pauvres, reçoivent au moins une instruction élémentaire ; ils peuvent par leur mérite s'élever aux plus hautes situations. L'ignorance est vaincue, c'est le règne de la science qui commence. Le savant dans son laboratoire, l'instituteur à l'école, travaillent à la même grande œuvre d'émancipation intellectuelle et préparent ainsi le bonheur des générations à venir.

Résumé — Les lois de 1881, 1882, 1886, ont établi en France l'instruction primaire gratuite, obligatoire et laïque.

Questionnaire. — Quelles ont été les réformes faites par la troisième République en ce qui concerne l'instruction primaire ?

Le savant dans son laboratoire.

L'instituteur à l'école.

L'ŒUVRE RÉPUBLICAINE : DÉVELOPPEMENT
DE LA RICHESSE PUBLIQUE

1. La République a essayé de développer l'agriculture, le commerce et l'industrie :

En protégeant les travailleurs contre la concurrence des autres pays par des droits mis sur les marchandises étrangères ;

En développant le réseau de nos routes et de nos voies ferrées pour faciliter l'échange et la vente des produits industriels.

En ouvrant les **expositions universelles** de 1878, 1889, 1900, en vue de faire connaître à tous les progrès réalisés depuis les dernières découvertes de la science.

2. Elle a ainsi cherché à augmenter le bien-être général en donnant du travail à tous ceux qui en manquent, et elle a réduit la part de la misère, ce qui est la plus essentielle des réformes.

RÉCITS.

Le développement du commerce et de l'industrie. — Par cela seul qu'elle suivait une politique de paix, la République a provoqué un énorme développement de l'agriculture, de l'industrie et du commerce. Sûrs du lendemain, les travailleurs de notre pays ont pu, en effet, se donner en toute tranquillité d'esprit à leur œuvre bienfaisante.

Mais ce n'était pas assez pour un gouvernement démocratique qui sait bien que plus un pays travaille, plus la richesse de ce pays augmente et moins les classes laborieuses souffrent. Aussi, la République a-t-elle consacré une grande partie des deniers publics à faciliter le développement de la production nationale.

Sans parler des sommes consacrées à développer certaines cultures coloniales, le coton par exemple dans la vallée du Niger, il faut rappeler tout au moins la création d'écoles nombreuses d'agriculture et de commerce, la mise en valeur du sol français par l'assèchement des terres marécageuses de la Sologne et de la Brenne, aujourd'hui plantées de pins, la lutte courageusement soutenue contre le phylloxéra, insecte

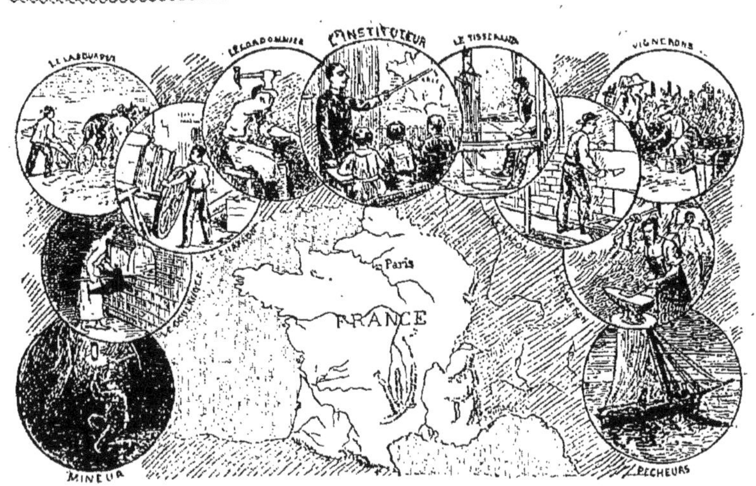

destructeur de nos vignes, le développement des voies ferrées, des canaux et des routes, les encouragements prodigués aux découvertes industrielles qui promettent un si bel avenir.

Les petits enfants de nos écoles ont tous entendu parler de la *houille blanche*, cette utilisation merveilleuse des chutes d'eau, du transport de la force motrice à distance, du *développement de l'électricité* ; ils savent que des industries nouvelles ont été créées, comme la fabrication des bicyclettes, des automobiles. Or, aucun de ces progrès n'est resté indifférent à nos gouvernants. Ils ont aussi réussi à protéger le travail national contre la concurrence étrangère par des droits mis sur le blé et sur les produits fabriqués.

Toutes ces réformes étaient d'autant plus nécessaires que des pays, jadis sans industrie et sans grand commerce, comme l'Allemagne par exemple, ont pris une place importante dans la production du monde. Sans les encouragements incessants de l'Etat, sans les dépenses qu'il est toujours prêt à faire, une crise terrible sévirait, — et elle ne sévit déjà que trop sur les producteurs de notre France.

Résumé. — 1. La République a consacré tous ses efforts à développer l'agriculture, le commerce et l'industrie.

2. Les expositions universelles de 1878, 1889, 1900, ont montré qu'elle y avait réussi.

Questionnaire. — Comment la troisième République a-t-elle développé la production nationale ? — Citez quelques-unes des réformes faites en ce sens ?

L'ŒUVRE RÉPUBLICAINE : LES LOIS
DE PROTECTION SOCIALE

La République s'est efforcée, par des lois protectrices du travail, d'améliorer le sort des classes laborieuses. Plusieurs de ces lois défendent d'employer les enfants dans l'industrie avant un certain âge ou fixent le maximum de travail qu'on peut leur imposer, ainsi qu'aux femmes ; d'autres permettent aux ouvriers de constituer des associations appelées *syndicats*, chargées de prendre en main leurs intérêts.

Le gouvernement républicain a aussi prêté son appui au développement des œuvres de mutualité et d'assistance sociale.

RÉCITS

Un mot est souvent employé à l'école que même les plus petits élèves doivent chercher à comprendre, parce qu'il désigne une belle chose : c'est le mot de *solidarité*. L'enfant sait déjà ce qu'il doit à ses parents et les services qu'il reçoit d'eux. Il sait que sans leurs soins constants et dévoués il serait misérable et, si petit soit-il, il a clairement la notion qu'il devra à son tour agir envers ses fils comme son père et sa mère ont agi avec lui. Il faut lui apprendre que, pour nos démocraties modernes, la société est une grande famille dont tous les membres se doivent entr'aider mutuellement.

Les riches prendront donc à tâche d'améliorer la condition de ceux qui sont moins favorisés du sort, et un gouvernement républicain aura le droit et le devoir de leur demander leur collaboration en vue de cette œuvre de justice.

Ainsi, par exemple, il dira aux chefs d'industrie : « Vous « pourriez, en employant des enfants et des femmes, obtenir « des bénéfices considérables. Non seulement je fais appel à « vos sentiments d'humanité pour que vous n'abusiez pas de « leur faiblesse ; mais, en vertu même de l'intérêt général « que je représente, je limite votre droit : les enfants ne tra- « vailleront pas plus de 6 heures par jour avant l'âge de 12 « ans (loi de 1874), les femmes et les adolescents pas plus de « dix heures (loi de 1892) et même, comme on ne peut fixer « des heures différentes de travail dans un même atelier, là « où des hommes seront employés avec des femmes, leur

« journée ne pourra pas être de plus de 10 heures (loi de 1901).
« Pour être bien sûr que ces règlements seront exécutés, je
« crée un corps d'*inspecteurs du travail* qui surveilleront vos
« fabriques. »

Aux ouvriers, en attendant qu'il limite partout la durée de
la journée de travail, l'Etat dira : « Isolés, vous êtes faibles ;
« unis, vous pouvez beaucoup ; je vous reconnais non seule-
« ment le droit de refuser le travail (c'est ce qu'on appelle la
« grève), mais même je vous permets de vous associer libre-
« ment, de former des *syndicats* qui défendront vos intérêts
« (loi de 1884). Mais ce n'est pas tout ; comme vous enrichissez
« vos patrons en travaillant pour eux, à leur tour, ils devront
« veiller à vos besoins : Si vous vous blessez à leur service, ils
« paieront les frais de votre maladie et vous donneront
« une indemnité. Même, je m'occupe de vous assurer, de
« concert avec eux, une petite pension pour quand, devenus
« vieux ou infirmes, vous ne pourrez plus aller à l'atelier. C'est
« avec votre argent à vous, mais c'est aussi avec le leur et
« c'est même avec celui de tous les Français de France que
« je constituerai des *retraites ouvrières.* »

« Ainsi la devise de la société ne sera plus : « chacun pour
« soi, mais tous pour tous. » Et l'Etat ajoutera : « Je n'oublie
« pas les enfants des écoles. Pour eux je crée ou j'encourage
« la mutualité scolaire, les cantines scolaires, les colonies de
« vacances. Désormais les plus pauvres eux-mêmes trouve-
« ront à la classe non seulement la science qui est la nour-
« riture de l'esprit, mais du pain, des aliments bien chauds,
« des livrets de caisse d'épargne, parfois un beau voyage à la
« mer ou à la campagne pour entretenir leur santé et se
« faire un corps robuste. Enfants, ce qu'on vous donne ainsi,
« vous le rendrez plus tard en travaillant dans la mesure de
« vos forces à la richesse et à la grandeur de votre pays. »

« Est-ce tout ? Non. Toujours avec le concours des hommes
de cœur qui sont légion chez nous, je multiplierai le nombre
des crèches, des hôpitaux, des maisons d'asile pour combattre
la misère et la maladie sous toutes ses formes. »

Résumé. 1. La troisième République a multiplié les lois de pro-
tection en faveur des enfants et des femmes employés dans l'industrie.

2. Elle a organisé les assurances ouvrières, créé des hôpitaux
et des œuvres d'assistance.

PROGRÈS DES SCIENCES ET DES ARTS

Il y a eu dans ce siècle des grands écrivains tels que Victor Hugo par exemple, des savants illustres comme Pasteur, des peintres, des sculpteurs et des musiciens qui ont donné un grand renom à notre pays.

Un gouvernement ne peut pas créer des écrivains, des savants et des artistes ; mais il peut tout au moins encourager les lettres, les sciences et les arts. C'est ce que la troisième République a fait.

Elle croit ainsi avec raison servir la cause populaire en donnant, même aux plus pauvres, des enseignements et des plaisirs qui contribuent à élever leur esprit et à leur rendre la vie plus agréable.

RÉCITS

Le travailleur, sa journée finie, a droit au repos. Certaines récréations intellectuelles lui sont indispensables pour qu'il puisse profiter pleinement de ce repos. La lecture d'un livre rempli de belles histoires, l'audition d'une leçon avec des projections ou d'une pièce de théâtre, la vue d'une statue, d'un tableau, rien ne délasse plus agréablement le corps fatigué, tout en formant l'esprit et le cœur. Malheureusement, il faut être riche pour participer à ces plaisirs coûteux. Or, un gouvernement démocratique ne peut trouver juste que les classes laborieuses en soient privées. Aussi la République s'est-elle efforcée de les leur faire goûter.

Dans les villes, le nombre des bibliothèques a été augmenté, des statues ornent les places publiques, des palais s'élèvent de toute part destinés non plus seulement à loger les riches et les grands de la terre, mais à donner asile aux sciences et aux arts, Sorbonne, Musée du Trocadéro, Grand et Petit Palais des Champs-Élysées, etc...

Résumé. 1. La République a encouragé les lettres et les arts
2. Elle veut ainsi honorer le travail, grandir le renom du pays et, tout en développant l'instruction du peuple, lui assurer les plaisirs de l'esprit dont il a été trop souvent privé.

Une salle de théâtre.

Une salle de musée.

DIXIÈME PÉRIODE

1. La France, au xixᵉ siècle, a plusieurs fois changé de gouvernement. Chacun de ces changements a été amené soit par une insurrection populaire, soit par un coup de force : révolutions de 1830, de 1848, du 4 septembre 1870, coup d'État du 2 décembre 1851.

2. Jusqu'à Napoléon III notre pays est resté en paix avec l'Europe. Mais sous le second empire, de nombreuses guerres furent faites, guerres de Crimée, d'Italie, du Mexique, de Prusse, dont la dernière eut pour résultat la perte de l'Alsace-Lorraine.

3. En revanche, de nombreuses colonies ont été acquises : l'Algérie, la Tunisie, le Soudan, le Congo, Madagascar, l'Indo-Chine. C'est à la troisième république surtout que nous devons ces acquisitions. Elle a aussi accru nos forces militaires, fortifié nos frontières, développé l'instruction publique et favorisé le commerce et l'industrie.

TABLEAU RÉCAPITULATIF

Les gouvernements	Révolutions de 1830 et de 1848. Coup d'État du 2 décembre 1851. Révolution du 4 septembre 1870.
Les guerres	Expédition d'Espagne (1823) ; délivrance de la Grèce. Guerre de Crimée : prise de Sébastopol (1855). Guerre d'Italie : victoires de Magenta et de Solférino (1859). Acquisition de Nice et de la Savoie (1860). Expédition du Mexique. Guerre franco-allemande (1870-1871) ; capitulation de Sedan, perte de l'Alsace et de la Lorraine.
Les expéditions coloniales	Conquête de l'Algérie : prise de Constantine ; Abd-el-Kader ; bataille de l'Isly. — Acquisition de la Tunisie, du Soudan, du Dahomey, du Congo, de Madagascar, de la Cochinchine, du Tonkin et de l'Annam.

RÉVISION CHRONOLOGIQUE

58. Commencement de la *Guerre des Gaules* par *César*.
52. Prise de *Vercingétorix*.
Ve siècle. Établissement des *Burgondes*, des *Wisigoths* et des *Francs* en Gaule.
451. Défaite d'*Attila*.
481. Avènement de *Clovis*.
486. Victoire de *Soissons*.
496. Victoire de *Tolbiac*.
507. Victoire de *Vouillé*.
511. Mort de *Clovis*.
628-638. Règne de *Dagobert*.
638-752. Les *Maires du Palais*.
732. Charles Martel à *Poitiers*.
752. *Pépin le Bref* roi.
768-814. Règne de *Charlemagne*.
843. Traité de *Verdun*.
911. Cession de la *Normandie*.
987-1108. *Hugues Capet; Robert le Pieux; Henri Ier; Philippe Ier.*
1066. Les *Normands* en Angleterre.
1095. La 1re *croisade*.
1099. Prise de *Jérusalem*.
1108-1137. *Louis VI.*
1137-1180. *Louis VII.*
1180-1223. *Philippe-Auguste.*
1214. Bataille de *Bouvines*.
1226-1270. *Louis IX.*
1270-1285. *Philippe III.*
1285-1314. *Philippe le Bel.*
1302. *Les premiers États généraux.*
1314-1328. Les fils de *Philippe le Bel.*
1328-1350. *Philippe VI.*
1346. Bataille de *Crécy*.
1347. Prise de *Calais*.
1356. Bataille de *Poitiers*.
1356-1357. *États généraux à Paris. Étienne Marcel.*
1358. *La Jacquerie.*
1364. Avènement de *Charles V.*
1389. Avènement de *Charles VI.*
1407. Assassinat du *duc d'Orléans*.
1415. Bataille d'*Azincourt*.
1420. Traité de *Troyes*.
1422. Avènement de *Charles VII.*
1428. Siège d'*Orléans*.
1429. *Jeanne d'Arc* à Orléans.
1431. Mort de *Jeanne d'Arc*.
1453. Fin de la guerre de *Cent Ans*.
1461. Avènement de *Louis XI.*
1465. Ligue du *Bien public*.
1468. Entrevue de *Péronne*.
1477. Mort de *Charles le Téméraire*.
1483. Avènement de *Charles VIII.*
1494. Charles VIII en *Italie*.
1495. Bataille de *Fornoue*.
1498. Avènement de *Louis XII.*

1499. Conquête du *Milanais*.
1503. Perte de *Naples*.
1512. Bataille de *Ravenne*.
1515. Avènement de *François Ier*. Victoire de *Marignan*.
1521. Commencement de la guerre entre la *France* et la *Maison d'Autriche*.
1524. Mort de *Bayard*.
1525. Bataille de *Pavie*.
1526. Traité de *Madrid*.
1547. Avènement de *Henri II.*
1553. Siège de *Metz*.
1558. Reprise de *Calais*.
1559. Paix de *Cateau-Cambrésis*. — Avènement de *François II.*
1560. Avènement de *Charles IX.*
1562. *Guerres de religion.*
1572. La *Saint-Barthélemy*.
1574. Avènement de *Henri III.*
1588. Journée des *Barricades*. — *États de Blois;* assassinat du *duc de Guise*.
1589. Assassinat de *Henri III.* — Les royalistes proclament *Henri IV* que les ligueurs ne reconnaissent pas.
1593. Abjuration de *Henri IV.*
1594. Entrée de *Henri IV à Paris*.
1598. Paix de *Vervins*. — Édit d *Nantes*.
1610. Assassinat de *Henri IV.* — Avènement de *Louis XIII.* — *Marie de Médicis* régente.
1624. *Richelieu* ministre.
1627. *Siège de la Rochelle.*
1635. La France intervient dans la guerre de *Trente Ans*.
1642. Mort de *Richelieu*.
1643. Avènement de *Louis XIV.* — Régence d'*Anne d'Autriche*. — Bataille de *Rocroy*. — *Mazarin* premier ministre.
1648. Victoire de *Lens*. — Traité de *Westphalie*. — La *Fronde*.
1659. Paix des *Pyrénées*.
1661. Mort de *Mazarin*.
1667. Guerre contre l'*Espagne*.
1668. Traité d'*Aix-la-Chapelle*.
1672. Guerre de *Hollande*.
1674-1675. Turenne en *Alsace*.
1675-1678. Victoires de *Duquesne*.
1678. Traité de *Nimègue*.
1681. *Strasbourg* réuni à la France.
1685. *Révocation de l'édit de Nantes.*
1688. Guerre de la *ligue d'Augsbourg*.
1697. Paix de *Ryswick*.
1700. Le roi d'Espagne, Charles II, institue *Philippe duc d'Anjou*, son héritier.

1701. Guerre de la *succession d'Espagne.*

1709. Bataille indécise de *Malplaquet.*

1710. Victoire de *Villaviciosa.*

1712. Victoire de Villars à *Denain.*

1713. Paix d'*Utrecht.*

1715. *Mort de Louis XIV,* le 1er septembre. — Avènement de *Louis XV.* — Régence du duc d'*Orléans.*

1716. La Banque de *Law.*

1726. Ministère de *Fleury.*

1733. Guerre de la *succession de Pologne.*

1735. Le traité de *Vienne* donne la Lorraine à *Stanislas Leczinski* et la promet à la France.

1741. Guerre de la *succession d'Autriche.*

1745. Victoire de *Fontenoy.*

1748. Traité d'*Aix-la-Chapelle.*

1756. Guerre de *Sept Ans.*

1759. Mort de *Montcalm.*

1763. Traité de *Paris.* — *Perte de nos colonies.*

1768. Réunion de la *Corse* à la France.

1774. Avènement de *Louis XVI.* — *Turgot* ministre.

1776. Chute de Turgot. — *Necker.*

1778. Alliance de la France avec les Etats-Unis.

1789. Etats généraux.

1789. Ouverture des *Etats généraux* à Versailles (5 mai). — *Serment du Jeu de Paume* (20 juin). — *L'Assemblée Constituante.* — *Prise de la Bastille* (14 juillet). — *Nuit du 4 août.* — *Journées des 5 et 6 octobre.*

1790. Fête de la *Fédération* (14 juillet).

1791. Fuite du roi; il est arrêté à *Varennes* (20 juin). — La *Législative.*

1792. Louis XVI déclare la guerre à l'*Autriche* (20 avril). — *Journée du 20 juin.* — Chute de la royauté *(10 août).*

1792. *Massacres de septembre.* — Clôture de la Législative et *victoire de Valmy* (20 septembre). — Ouverture de la *Convention et proclamation de la République* (21 septembre). — *Procès du Roi.*

1793. Mort de *Louis XVI* (21 janvier). — Guerre à l'Europe. — Soulèvement de la *Vendée* (10 mars). — Création du *Comité de Salut public* (27 mars). — Chute des *Girondins* (2 juin). — Commencement de la *Terreur* (5 septembre). — Exécution de *Marie-Antoinette.* — Déroute des Vendéens au Mans.

1794. Exécution de *Danton.* — Chute de *Robespierre* (27 juillet, *9 thermidor*).

1795. Paix de *Bâle* (25 avril). — Le *Directoire.*

1796. Bonaparte en *Italie.*

1797. Traité de *Campo-Formio.*

1798. Bonaparte en *Egypte.*

1799. Victoire de Masséna à *Zurich.* — Bonaparte revient d'Egypte (octobre). — Coup d'Etat du *18 brumaire* (9 novembre).

1800. Bonaparte *premier Consul.* — Préfectures et sous-préfectures. — Victoire de Bonaparte à *Marengo.*

1801. Restauration du catholicisme en France. *Concordat* (15 juillet).

1804. Napoléon empereur.

1805. Victoire d'*Austerlitz.*

1806. Victoires d'*Iéna,* d'*Auerstaedt.*

1807. *Eylau* et *Friedland.* — Traité de *Tilsitt* (8 juillet). — Occupation du *Portugal.*

1808. Guerre d'*Espagne.*

1809. *Eckmuhl, Essling, Wagram.*

1810. Napoléon épouse Marie-Louise.

1812. Campagne de *Russie.* — La *Moskowa,* la *Bérésina.*

1813. *Leipzig.*

1814. Campagne de France. — Entrée des *alliés* à Paris (31 mars). — *Abdication* de Napoléon. — *1re Restauration.*

1815. *Waterloo* (18 juin).

1815. *Louis XVIII.*

1823. Expédition d'*Espagne.*

1824. Avènement de *Charles X.*

1827. Intervention en *Grèce.*

1830. Les ordonnances et les *Journées de Juillet.* — *Chute de Charles X.* Election de *Louis-Philippe.*

1837. Prise de *Constantine.*

1844. Bataille d'*Isly.*

1847. Reddition d'*Abd-el-Kader.*

1848. 24 février : proclamation de la République.

1848. 2e *République.* — 10 décembre. Election de *Louis Napoléon* comme président de la République.

1851. *Coup d'Etat du 2 décembre.*

1852. Rétablissement de l'*Empire.*

1854-56. Guerre de *Crimée;* prise de *Sébastopol.*

1859. Guerre d'*Italie.* — *Magenta.* — *Solférino.*

1860. Acquisition de *Nice* et de la *Savoie.*

TABLE DES MATIÈRES

Paris. — Imprimerie de la Bibliothèque d'Education.

www.ingramcontent.com/pod-product-compliance
Ingram Content Group UK Ltd.
Pitfield, Milton Keynes, MK11 3LW, UK
UKHW021527080726
13613UKWH00008B/369